Cinzia La Commare

Un amore intero

Novella di "La metà imperfetta"

Titolo | Un amore intero
Autore | Cinzia La Commare
Codice ISBN | 9798561135835
Casa editrice | Independently published

Progetto grafico di Cinzia La Commare.

Rev. 0, 31/10/2020

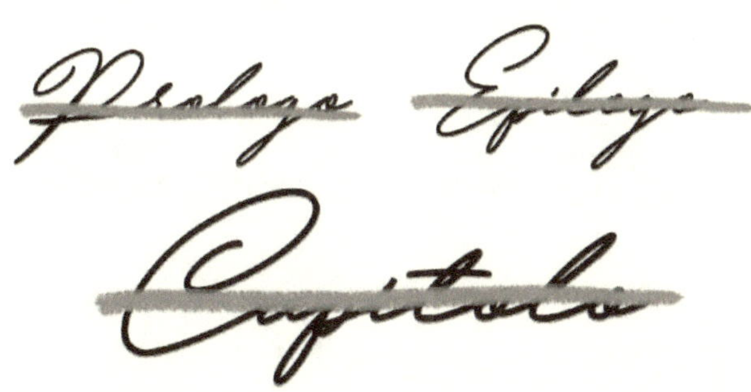

Sunday, con la penna sospesa sul foglio, si volta e guarda Birkir: «Questo è più un prologo, o più un epilogo?».

Birkir piega le labbra: «Direi che è l'inizio della novella, quindi…»

«Tecnicamente è un *che fine avranno fatto quei due?*».

«La tua dannata tecnica», dice lui tra i denti.

Sunday lo fulmina con un'occhiata: «Come scusa?!».

«Stavo… riflettendo ad alta voce», dissimula Birkir.

Sunday si concentra sulla pagina bianca mentre, con fare candido, minaccia: «Certe riflessioni tienile per te, o potresti non arrivare a leggere la fine della nostra novella».

«O l'inizio», considera lui, impavido.

All'improvviso, un dito indice di Sunday si eleva al soffitto: «Quello che serve prima di iniziare è un riassunto!».

«È un riassunto», concorda Birkir ciondolando con la testa. Non vedeva l'ora di togliersi dall'impasse!

Dopo qualche secondo, sempre Birkir con tono pensieroso: «Credi abbiano dimenticato com'è andata?».

Ma Sunday è già troppo impegnata a far scorrere la sua penna sul foglio per considerarlo.

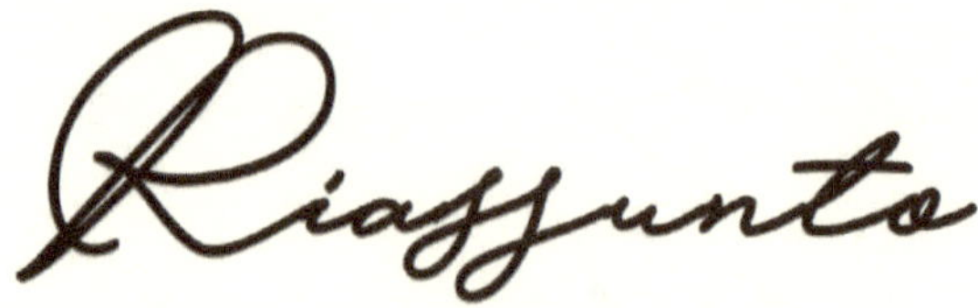

Riassunto

Dunque, dov'eravamo rimasti in «La metà imperfetta»?
Ah, sì, a me distesa nuda sul mio letto, a Bristol, con Birkir che mi giurava...

«Anch'io ero nudo», precisa Birkir interrompendo il mio flusso narrativo sul nascere.

Mando gli occhi al soffitto e riprendo a scrivere: *e anche Birkir era nudo, precisiamolo.*

«E sono sicuro che si ricordino più di me, nudo, che di te».

La forza con cui ho macchiato il foglio d'inchiostro, mettendo un punto deciso, non è bastata per farlo tacere.

Mi volto a destra, la penna cade sul tavolo, e fisso Birkir accigliata. «Dai per scontato che a leggerci siano solo le donne».

«Cosa ti dice che io non piaccia *anche* agli uomini? Guardami!».

Il problema è questo, riprendo a scrivere con impeto. L'ho guardato! È successo poco più di due anni fa, sarà stato il clima dell'Islanda, o che al tempo assumevo poche proteine, fatto sta che da quel momento nella mia testa qualcosa ha cominciato a funzionare male.

«O, invece, i tuoi ingranaggi hanno finalmente fatto click».
«La smetti? Sto cercando di scrivere un riassunto e tu mi distrai».
«Hai già scritto quello che serviva per rievocare le nostre gesta».
«Cioè, quali? Quelle in cui eravamo nudi sul letto!».
«Io che ti giuro un amore intero, completamente svestito, ti pare poca cosa? In fondo è questo che stanno aspettando di sapere, se poi ho mantenuto la promessa e se non ho combinato un'altra stronzata delle mie».

Comunque siano andate le cose, quello che posso anticiparvi è che siamo ancora noi: lui pratico, io riflessiva.

A.A.A. Cercasi casa
<u>disperatamente!</u>

Bella, grande, servizi privati, angolo barbecue e possibilmente gratis.

Per arrivare a oggi, occorre cominciare da ieri. O meglio, da poco più di un anno fa, quando ci siamo risvegliati a Bristol, nudi nel suo letto e sfiniti da…

«Non serve che tu scriva che abbiamo fatto sesso tutta la notte, possono immaginarlo!».

Mi interrompo e fisso lo sguardo serio in quello di Sunday. «Abbiamo stabilito di scrivere un capitolo ciascuno, dico bene?». Lei annuisce mansueta. Strano! «E allora non intrometterti. Questo è il mio capitolo ed è pure il più difficile».

Sunday mi sbuffa una risata sulla faccia. «E perché lo sarebbe?».

Vi siete mai trovati a dover acquistare una casa insieme a una perfezionista campionessa di razionalità? Più che un giro degli appartamenti di Bristol è stata una passeggiata nel girone dei dannati.

Bristol, 16 mesi prima.

Non capisco come Sunday possa aver avuto da ridire sul clima dell'Islanda, quando sono arrivato in Inghilterra ieri che pioveva e non ha ancora smesso. Comunque, acqua e cielo di piombo non ci hanno spaventati, dopo una prima colazione davvero interessante – la sua coinquilina non ha fatto che fissarmi per tutto il tempo, intanto che pomiciava con una povera tazza di tè – abbiamo imbracciato l'ombrello e sono entrato nella prima agenzia immobiliare nei paraggi, mentre Sunday è rimasta a fare da guardia alla bicicletta.

A proposito, Southmead, il quartiere in cui vive Sunday, è un autentico delirio: le macchine sfrecciano e nulla importa se prendono una pozzanghera centrandoti in pieno, la gente se ne va in giro sputando catarro dove capita, una donna per poco non è stata scippata della borsetta proprio davanti ai nostri occhi e due uomini con grosse catene al collo sbraitavano fuori dal discount. Del noto aplomb inglese in questa zona se ne vede poco, ragion per cui ho orientato altrove la nostra ricerca di una casa.

Jodi, una bella morettina che guardo con distacco per non farmi mollare da Sunday a nemmeno ventiquattro ore dalla rappacificazione, pare abbia inquadrato la situazione con un breve scambio di battute e siamo ora diretti da qualche parte a bordo della sua vettura mezza scassata.

Ci buttiamo nel traffico dell'ora di punta come dei kamikaze, attraversiamo la città da un estremo all'altro e approdiamo in un quartiere più rilassato. Le abitazioni non sono dozzinali, dispongono di terrazze, di giardini privati più o meno grandi, di *garage* privati (stando all'insufficienza di parcheggi è una qualità non da poco), le facciate hanno abbandonato gli orrendi mattoncini verdi di umidità a favore dei rivestimenti in legno, porte a vetrata e balconi panoramici.

«Ci troviamo a soli cinque minuti dal *Clifton Triangle*», spiega Jodi, più che altro a me, accompagnandoci nella visita dell'appartamento. Listoni di rovere ai pavimenti, pareti verniciate in smalto, un arredamento completo di tende e tappeti. Io e Sunday ci aggiriamo nei diversi ambienti mano nella mano e con le bocche spalancate, estasiati all'idea che questo posto *super figo* potrebbe diventare casa nostra. O almeno, io lo sono per certo, e anche molto impaziente di mettere a dura prova il materasso da *nonsoquantemila* molle in camera da letto.

«Il soggiorno dà su un balcone molto ampio», Jodi fa scorrere l'immensa porta a vetrata con uno sforzo nullo, e continua a intontirci con un tono entusiastico mentre noi la seguiamo all'esterno. «Da qui la vista sulla città è incantevole, non trovate? Inoltre, il soggiorno come la cucina è orientato a sud-ovest: secondo il *Feng Shui* è ottimale per la zona *living*. Immaginate di cenare o di rilassarvi davanti al tramonto, quanto sarebbe romantico per una giovane coppia?».

«Oddio, non è che Bristol sia una città tipicamente soleggiata», ragiona Sunday.

«Questa zona è abbastanza riparata, potremmo sistemarci il barbecue».

Mentre io mi focalizzo su un utilizzo pratico della veranda, lei si è ridestata del tutto e tira il mio braccio finché un mio orecchio non è al livello della sua bocca.

«Avete stabilito una fascia di prezzo?», la sua domanda filtra dal sorriso tirato e non stacca gli occhi da Jodi.

Bisbiglio a mia volta: «Le ho detto che non abbiamo un budget».

Sunday strabuzza gli occhi mentre Jodi ci osserva incuriosita.

«Ma come ti è venuto in mente?»

«Noi *davvero* non abbiamo un budget», mi giustifico.

Ora Sunday mi artiglia il braccio, le unghie pizzicano la carne. «Le hai fatto credere che siamo ricchi sfondati!».

«C'è anche la vasca idromassaggio», sottolineo con voce fanciullesca. Capisco di aver detto la cosa sbagliata dalla fitta acuta che avverto al bicipite. Sunday ha intrappolato la mia pelle tra due dita in una morsa letale.

«Se desideri le bollicine, posso soffiare con una cannuccia nell'acqua mentre fai il bagno!».

«Lo faresti davvero?».

«NO!», chiosa.

«Il mobilio è compreso nel prezzo», Jodi sente il dovere di intervenire, «ma se non è di vostro gradimento…».

«Ci piace molto invece!». Un pizzicotto mi infiamma il braccio con maggiore intensità rispetto al precedente.

«Temo che il prezzo di questo appartamento si aggiri su *non ci basterebbe vendere un rene per averlo. Intendo uno a testa!*».

E in effetti, la cifra che ci comunica subito dopo Jodi – introducendola con un *"sono soltanto"* – è astronomica.

Ripiombiamo nella periferia di Bristol e l'incaricata dell'agenzia immobiliare ha perso quell'occhio di riguardo che aveva per noi quasi del tutto: ora siamo dei probabili acquirenti squattrinati, non delle galline dalle uova d'oro. Suppongo che la percentuale che prenderà vendendoci una casa in questa zona sia irrisoria rispetto al *Clifton Triangle*.

Sempre che riesca a venderci qualcosa…

Ci troviamo appena fuori Southmead davanti a una palazzina di mattoni a vista che personalmente mi fanno cagare, la necessità di trovare una casa in fretta e tornare in Islanda mi convince a sorvolare, nell'androne Sunday invece non trattiene la sua prima obiezione.

«Non c'è un ascensore?». I suoi occhi guardano in giro come fossero dotati di un radar pronto a cogliere qualsiasi imperfezione. Io, già lanciato sulla rampa delle scale, non mi ero affatto posto il problema del piano.

L'incaricata dell'agenzia serra il pugno di una mano, il mazzo di chiavi produce un lieve suono metallico ma il sorriso di Jodi resta affabile. «No, ma l'appartamento si trova solo al terzo piano», chiarisce con il tono brioso. Avanza sui gradini rivestiti di moquette non proprio curatissima, io la seguo invece Sunday rimane immobile.

«Tre piani non sono pochi da fare a piedi, quando devi portare su la spesa», obietta con consueta razionalità.

«Sarai da sola per lunghi periodi». Lei si rabbuia e cerco di metterci subito una pezza: «farò l'impossibile per limitarli, ma anche in due quanto cibo potremmo mai comprare?».

«Beviamo», risponde Sunday secca. «E le bottiglie d'acqua pesano».

Abbandono mesto la porzione di scale conquistata, Jodi fa lo stesso. «Non vuoi neppure provare a vederlo?», glielo chiedo anche se conosco la risposta. Un minuto dopo siamo di nuovo a bordo della vettura, diretti verso il terzo appartamento che, a detta dell'incaricata dell'agenzia, *è proprio perfetto* per noi.

Questa volta se non altro riusciamo a varcarne la soglia, e a fare un tour completo di tutte le stanze della casa ma ecco che il radar di Sunday capta un'altra imperfezione: «due bagni non sono troppi? Che ce ne facciamo».

«Non so», con le mani ficcate nelle tasche dei pantaloni, mi stringo nelle spalle. «Potrebbe scapparmi mentre ti stai truccando per andare al lavoro».

«Non ho ancora un lavoro sicuro», dice tra i denti avvicinandosi. «E, a parte il fatto che mi trucco di rado, non hai tre anni. Puoi trattenerla per dieci minuti!».

«Se il secondo bagno ti infastidisce a tal punto, lo muriamo», risolvo con quella che a me sembra una trovata geniale, ma che in Sunday provoca una stizza esagerata.

Passiamo da una bettola all'altra fino al tardo pomeriggio, nello stomaco un sandwich stracolmo di salsa, tanta insalata e pollo invisibile, nell'ultimo appartamento in lista manca la corrente elettrica e finiamo a farci luce con il display del telefonino.

«Per questo richiedono soltanto quarantacinque sterline a settimana. È il minimo che possiate trovare». Ed è il minimo in tutti i sensi: il bagno è condiviso e si trova nel corridoio stretto e che puzza di umidità. La cucina, il salotto e la camera da letto sono di fatto un ambiente unico, separati da tremendi tendaggi impolverati.

«Potremmo dargli una sistemata», azzardo mascherando lo sconforto.

«Non ha il bagno!», puntualizza Sunday, che invece è evidentemente demoralizzata.

«L'appartamento che abbiamo visitato prima non era malaccio». Se non altro aveva i servizi privati, e le porte, e non somigliava a un covo per drogati. «Non disponiamo della cifra necessaria all'acquisto, però potremmo considerare l'affitto con pagamento settimanale».

Mentre noi discutiamo sul da farsi, Jodi esce nel corridoio e si accende una sigaretta avvilita dalla giornata in nostra compagnia.

«Io ho cento sterline», annuncia Sunday.

«In banca?».

«Nel portafogli».

«E in banca?».

«Niente». *Ah.* «Tu?».

«Ho impiegato i soldi che mi ha dato la BBC per pagare fornitori e costruttori, se togliamo le spese necessarie per la gestione della *Norðurey*, per i beni primari e i viaggi che farò per raggiungerti, non mi rimane granché».

Per qualche ora stamattina abbiamo sognato in grande stile, la realtà è che siamo una coppia di squattrinati.

«Johanna ha il sonno pesante», assicura Sunday, suggerendo che dovremmo continuare a usare la sua stanza. Almeno per il momento, finché non saremo in grado di acquistare o prendere in affitto una casa tutta nostra. Il problema è che la sua coinquilina, da quanto ho potuto sentire, è molto rumorosa quando nel suo letto c'è qualcuno a farle compagnia.

«Sì, beh, io no!».

Oggi.

Non avevamo soldi. Non avevamo tempo. Ci serviva una soluzione, e pensai che fosse compito mio trovarne una alla svelta.

«Perché è risaputo quanto tu sia brillante nel trovare soluzioni!».

Alzo la testa dal foglio e fisso Sunday. È rimasta seduta al mio fianco, a sbirciare, per tutto il tempo che ho impiegato per scrivere il mio capitolo. «Vorresti dire che non sono sempre riuscito a risolvere i problemi?».

«Il punto non è che tu ci sia riuscito, ma il come!», puntualizza con quella lingua biforcuta della quale, vallo a capire, mi sono innamorato. «Tralasciando che spesso l'artefice dei problemi sei *tu*!».

Mi fingo offeso e le passo carta e penna: «È il tuo turno, sono proprio curioso di scoprire quale capitolo della nostra storia *problematica* – per causa mia – deciderai di raccontare».

«Mi hai fatto passare per una vera rompiscatole», valuta con una rapita lettura.

«Tu *sei* una vera rompiscatole. E io non ho scritto frottole».

«Hai sottolineato quello che più ti conveniva».

«Si chiama avere il dono della sintesi».

«No, si chiama paraculaggine».

«Scrivi? Di questo passo arriveremo alla vecchiaia senza aver finito la novella».

«Scrivo».

And the boyfriend?

Quell'odiosa smania di saperti fidanzata che colpisce i parenti di qualsiasi nazionalità.

Birkir non aveva ancora acquistato un biglietto per il ritorno, immaginavo che sarebbe dovuto ripartire presto per sistemare ciò che aveva lasciato in sospeso in Islanda e…

«Ti sei premurata di ufficializzare la nostra relazione, nel caso avessi voluto dileguarmi».

Stritolo la penna nel pugno e indirizzo a Birkir un'occhiata di sfida. «Cosa stai insinuando? Che ti abbia teso una trappola, imprigionandoti in una relazione sgradita?».

Il maledetto allarga un sorriso fulgido che mi stordisce. «Tu non fai prigionieri», dice scuotendo piano la testa.

«Ah, quindi saresti una vittima!».

Birkir annuisce, valuto di usare la penna come un'arma e piantargliela in una gamba, giusto perché sia vero ciò che insinua, ma come accade sempre ha già trovato il modo di trasformare la mia rabbia nel folle desiderio di saltargli addosso. «Sono vittima del tuo fascino, *Sunnudagur*, senza dubbio». Quel tono sensuale che gli arrochisce la voce quando mi chiama in quel modo mi ha già infuocato i vestiti. Così tanto che mi spoglierei!

Ma abbiamo una novella da scrivere, quindi mi sforzo di ritrovare la concentrazione pure se il suo ginocchio che mi sfiora una coscia non è più semplice da ignorare. Il calore del suo corpo mi fa ancora sentire un cubetto di ghiaccio che non vede l'ora di sciogliersi.

Villaggio di Bibury, 16 mesi prima.

Morivo dalla voglia di passeggiare per la *Arlington Row* insieme a lui, tra i cottage che ricordano l'Islanda da quando gliene ho parlato quella famosa sera nella tenda. Ma non è questo il punto!

Per qualche ragione mi sono venute in mente tutte quelle volte in cui mi è stata posta la sadica domanda *e il fidanzatino?* Con il tono speranzoso e l'espressione che precipitava nella più tremenda compassione quando la risposta era: *non ce l'ho.* O peggio, *ce l'ho ma non è proprio potuto venire* che traducevano con *non è una relazione seria.* Oppure pensavano che mentissi per togliermi dall'imbarazzo.

Nonna Anke, che per sensibilità non eccelle, è sempre riuscita a chiedermelo nel momento in cui l'ago della mia situazione sentimentale pendeva su *cuore triturato.* Ed è anche desiderio di rivalsa il motivo per cui siamo a Bibury: questa volta non mi presenterò da sola con un dolce!

«Non sei agitato?».

«Dovrei?».

Siamo a due case da quella di mia nonna e, con ritardo mostruoso, inizio a considerare se aver convocato una riunione di famiglia straordinaria non sia stata una cazzata colossale. All'improvviso sono un fascio di nervi.

«No. Davvero no». *Avrei dovuto evitare l'effetto sorpresa!*

«Quindi perché sudi freddo come in punto di morte?».

«E tu perché sei diventato tanto macabro?»

«Non so, sarà per la sensazione di stare stringendo la mano a un defunto!».

Provo a sottrarmi invano, le sue dita hanno sulle mie la stessa presa di una tagliola. «Non ho mai presentato qualcuno alla mia famiglia».

«Con *qualcuno* intendi un fidanzato».

Forse è Birkir a innervosirmi. Sì, insomma, a guardarlo si direbbe abbia passato tutta la vita ad affrontare un plotone di parenti dopo l'altro.

«Ti rendi conto che stai per incontrare mio padre, sì?».

«Penso di averlo intravisto alla mostra, non ho potuto presentarmi. Lo farò tra poco».

Dovrebbe essere lui quello nel panico, non io! «Conoscerai mia nonna Anke!».

«Stiamo andando a casa sua», puntualizza serafico.

«Ho avvisato che saremmo rimasti per il pranzo…».

«Speriamo abbia preso il famoso tacchino in rosticceria, allora».

«Non ti desta alcuna preoccupazione incontrare la mia famiglia?».

Mi fa girare le palle a elica sembrare l'unica in paranoia!

«Tu hai conosciuto la mia».

«Perciò… nessuna crisi di nervi? Nessuna voglia di dartela a gambe, salire su un aereo e non voltarti indietro?».

Le sue mani grandi e rassicuranti racchiudono il mio viso, i suoi occhi azzurri allagano il mio sguardo ed ecco fatto: il mio cervello si è ridotto in pappetta per neonati. «Sunday, io ti amo. Se presentarmi alla tua famiglia è importante per te, lo è anche per me. Farei di tutto per renderti felice».

«*Dov'è l'inganno?*», rifletto sottovoce, non a sufficienza a quanto pare. Perché Birkir chiede: *cos'hai detto?* E io ovviamente sorvolo: «Ti avverto: la mia famiglia non è come la tua!».

Il mio dito parte poco convinto in direzione del campanello, e la porta si spalanca ancora prima che lo abbia suonato. Con altissime probabilità mia madre ci stava spiando dall'occhiello da almeno due minuti!

«Oh, tesoro, come stai?». La sua preoccupazione nei miei confronti dura finché non posa gli occhi sul maschio nordico al mio fianco. Come biasimarla? Birkir fa sempre quel certo effetto…

«Bene, grazie, lui è il mio fidanzato».

Pare abbia pronunciato una formula magica che trasforma mia madre in una scimmia: «Ah, uh, oh», fa versi e, gesticolando, ci invita a entrare.

Varco la soglia per prima, il mento alto, nello sguardo una scintilla di sfida, petto in fuori e… e anche il culo in fuori perché è paffuto e più di così non posso ritrarlo. Nella sala da pranzo, nonna Anke mostra il solito piglio da generale dell'esercito tedesco, Lake è bivaccato sul divano incellofanato beato come un armadillo e papà non tradisce emozioni.

«Avanti, chiedimelo!», sibilo rivolta a nonna Anke.

Il suo sguardo affilato sosta sulla mia faccia, posso sentire gli ingranaggi della sua testa che lavorano a ritmo sostenuto, arriccia la bocca minuta come un fiorellino rugoso e non dice niente. Tace. L'ho colta impreparata.

Butto lo sguardo al corridoio. «Birkir, vieni pure». Appena lui mi affianca bello come un Adone e sicuro come non ne avevo conosciuti, faccio piombare gli occhi di nuovo su mia nonna e *sbam:* «Ho portato il fidanzatino!».

«Stai dicendo che mi hai sganciato come una bomba nucleare, di proposito, nella guerra contro tua nonna?».

Avrei dovuto prevedere che ci avrebbero sottoposto a interrogatorio marziale, continuo a scrivere lasciando Birkir coi suoi tarli. *Per resistere al contrattacco e scavalcare il filo spinato di nonna Anke avevamo l'appoggio di un solo alleato astuto quasi meno di me: mia madre. In quanto a Lake, è rimasto neutrale come la Svizzera.*

Villaggio di Bibury, mezzogiorno di fuoco di 16 mesi prima.

La tavola imbandita è il campo di battaglia. Nonna Anke è il generale al comando, io e Birkir siamo prigionieri sotto torchio mentre i broccoletti lessi sono le vittime nei nostri piatti: niente tacchino ripieno questa volta, non è mica Natale e neppure domenica!

A Birkir la nonna ha già chiesto: età, nome, cognome, provenienza (gli accenti stranieri a lei non sfuggono!).

«E cosa fai in Islanda Birkir *cometichiami?*»

«Sono un imprenditore».

Quasi mi soffoco con la saliva. *Questa da dove l'ha tirata fuori?*

Confesso di provare invidia per il suo sangue freddo. Io di freddo ho soltanto il sudore che mi scivola lungo la schiena, filtra sotto l'elastico delle mutandine e ho il timore che si stia formando una pozza sotto la mia sedia.

«In quale campo?». L'interesse di mio padre si è risvegliato di colpo.

«Servizi per il turismo».

«Ovvero?».

Birkir fa sciabolare la forchetta, mastica e poi afferra il bicchiere e comincio a pensare che le verdure non gli piacciano così tanto. «Gestisco una guesthouse», chiarisce fiero.

Della sua fierezza, tuttavia, mia nonna ne fa un fritto. «Prima del tè delle cinque si scoprirà che è il portinaio».

Dovrei alzarmi, lanciare il tovagliolo e difendere il mio fidanzato. Ma per fortuna sa difendersi da solo perché io sono del tutto inebetita su questa cacchio di sedia con l'imbottitura affossata e che mi obbliga a poggiare le ascelle sul tavolo!

«E invece si scopre persino prima del dolce che sono il proprietario».

Dentro di me urlo: *Punto!* Come in una partita di pallavolo. Fuori da me resto immobile al riparo nella trincea.

«Beh, comunque questo è irrilevante», interviene mia madre con voce nevrotica. Ha ripiegato il suo tovagliolo al punto da farlo diventare un francobollo!

«Stai dicendo che il tenore di vita del fidanzato di vostra figlia, la mia unica nipote femmina, non ha alcuna importanza Barbara?».

«La tua unica nipote *femmina* si mantiene da sola», esclamo.

«Mi risulta che al momento galleggi male nel precariato».

«L'Arnolfini ha appena ospitato la mia prima mostra!», mi dibatto.

«Ti pagano? Un salario settimanale?»

«No, ma...»

«E allora non è un lavoro», chiosa mia nonna. «Avresti dovuto...» *fare il dentista come tuo padre*, sono certa che lo dirà ma Lake la interrompe prima che arrivi a finire la frase.

«Non vuoi sapere se quel tizio ha poi acquistato la tua tela?».

Ora che ci penso... «Tra quelle che mi sono state recapitate a casa ieri non c'era».

Mio fratello fa comparire una busta davanti ai miei occhi, nonna Anke è catalizzata e Birkir forse ne approfitta per respirare. È sigillata, con la lama del coltello apro una estremità, noto un assegno che sfilo e dispiego con dita tremanti: «Trecento sterline?».

«L'offerta iniziale era di duecentottanta, sono riuscito a strappargliene qualcuna in più».

«Lascia che te lo dica, Lake. Il tuo intuito per gli affari fa davvero schifo».

«Non ci si può permettere un fidanzato islandese quando nel conto in banca non si ha nemmeno la polvere!».

«Mi rendo conto che Birkir sia obiettivamente splendido ma, nonna, non è un bene di lusso tipo una macchina sportiva, uno yacht o una villa londinese a *Kensington Palace Gardens*».

«Assicurati che balli, non che sia bello», serpeggia. Poi abbassa lo sguardo e inforca i broccoletti con brutalità.

«So fare anche quello, *nonna*. Dopo pranzo potremmo togliere il cellofan da quel vecchio giradischi e farci un giro di valzer, che ne dici?». Se spera che il suo tono mellifluo funzioni su mia nonna, si sbaglia e alla grande.

Lei gli pianta addosso due occhi di pietra. «Non intendevo…», per assurdo pare in difficoltà. «Non si dice dalle tue parti… Lascia perdere», farfuglia alla fine. Sono impressionata!

«Chi dei due si trasferisce?», si preoccupa mia madre. «Sì, insomma, non so… Avete già parlato del futuro?».

Sono certa che si starà immaginando vestita di tutto punto mentre lancia fiori d'arancio lungo tutta la navata.

«Questa è l'Inghilterra, serve chiedere?», l'assale nonna Anke. «Se qualcuno deve trasferirsi sarà il vichingo!».

«Comincio a notare una certa somiglianza», mi pungola Birkir sottovoce.

«Nessuno», dichiaro mentre mastico come un alpaca, dimentica di qualsiasi grazia, rivolgendo occhiate ostili a Lake. *Trecento sterline!* «Lui ha il suo lavoro in Islanda, io ho qui il mio». Fingo di non sentire nonna Anke che sibila *non ce l'hai*, e finisco: «Faremo in modo di raggiungerci tutte le volte che ci sarà possibile».

«E chi paga i biglietti?», tuona la nonna.

«Chi vuole il dolce?», interviene tempestiva mia madre. Se qualcuno nutre ancora il dubbio, a lei Birkir piace molto.

Oggi.

Quella sera, dopo essere sfuggiti all'interrogatorio di nonna Anke, sono stata la sua unica portata e lui la mia. Esserci ritrovati dopo esserci persi ci aveva reso capaci di vivere solo del nostro amore.

«Sono stato bravo a togliere le castagne dal fuoco», si compiace sbirciando la pagina che mi affretto a voltare.

«Anche a far fuori un dolce intero quasi tutto da solo!».

«La situazione aveva richiesto un elevato dispendio di energie».

«Quindi ammetti di aver provato ansia!».

«E di averla saputa gestire meglio di te, non solo in quell'occasione».

Indispettita, con un gesto secco gli piazzo il quaderno sotto al naso.

«E poi…», riprende sollevando la testa dal foglio, «per farti tutto quello che ti ho fatto quella notte serviva il pieno di zuccheri».

«Molto romantico», brontolo.

«Vogliamo raccontare quanto lo sia stata tu?»

«Non oserai», minaccio. Ma è lui ad avere la penna dalla parte *del manico*.

Vuoi sposarmi o uccidermi?

Sorprenderla è il modo più semplice per ~~assicurarvi un sì senza remore~~ finire in ospedale.

Focalizziamoci sulle situazioni più gravose: nella casa che Sunday condivideva con Johanna la privacy non era contemplata, a Bristol non avevamo un posto dove stare che fosse solo nostro e non potevamo permettercelo, non volevo andarmene senza la promessa di un impegno serio, così…

«Non puoi raccontare a tutti una cosa tanto imbarazzante!».

«È un passaggio fondamentale!». Premo la punta della penna sul foglio, e per un soffio Sunday non riesce a rubarmela con un gesto da prestigiatrice. «Abbiamo detto un capitolo ciascuno e la verità», le ricordo. «Prova a fidarti di me!».

«Io mi fido *sempre* di te», la sua voce è carezzevole, quello sguardo da cerbiatta mi rincretinisce come il primo giorno, sorrido completamente perso e Sunday fa schioccare la lingua a tradimento: «Infatti mi ritrovo *sempre* nella merda!».

«Ricordatelo», le punto la penna contro, «sei stata tu a metterla in questi termini».

Sunday balza in piedi al grido di *Birkir non ti azzardare,* io scappo nel corridoio col quaderno stretto al petto, lei mi corre dietro furiosa come un cinghiale, entro nel bagno l'attimo prima che mi afferri e chiudo la porta a chiave!

Bristol, 16 mesi prima.

Ho avuto un'idea geniale!

A onore del vero non è tutta farina del mio sacco, mi va riconosciuto il grande impegno e lo spirito di iniziativa.

«Com'è il tuo dolce? Ti piace?».

«Oh, sì, meraviglioso», assicura deliziata.

Sunday ha spazzolato oltre metà della sua mousse con voracità impressionante e io comincio a preoccuparmi.

Possibile che non l'abbia ancora trovato? «È... soffice?».

«Vellutata». Il cucchiaino sparisce di nuovo tra le labbra di Sunday, e ne esce ripulito senza che lei batta ciglio.

«E... e il cioccolato?», mi sbottono la giacca. In questo ristorante si inizia ad asfissiare. «È abbastanza fondente il cioccolato?». *Avrei dovuto farle portare un dolce per il quale è richiesto masticare!*

«Sì». Mi cuce addosso gli occhi enormi. «A te non piace il tuo?».

«Ah, no, è che...», osservo la mouse di cioccolata al latte quasi intatta nel mio piatto, «mi sento troppo pieno».

Pieno di tensione al punto che potrebbero fumarmi le orecchie! Lei continua a mangiare e io non le tolgo gli occhi di dosso finché non manda giù l'ultima cucchiaiata del dessert, la vedo afferrare il bicchiere e dissetarsi.

«Chiediamo il conto?», domanda sorridente.

Io sbatto le palpebre stordito. «Stai...stai bene?»

«Io sì». Il suo tono si fa cauto: «Tu forse no?».

In questo momento devo sembrarle un pazzo, ma ho i miei buoni motivi per temere che la serata abbia preso una piega diversa da quella sperata. «Non ti senti un... Un nodo alla laringe?».

D'istinto Sunday si accarezza la gola. «Te l'ho già detto: sto bene». Poi l'espressione sul suo viso cambia da confusa a sospettosa. «Forse non dovrei?».

Prendo una sua mano nella mia mentre le sussurro di stare calma. «Ho fatto una cosa...»

«Che hai fatto?», bisbiglia lei atterrita. E lo ripete alzando la voce stridula: «Che hai fatto Birkir!».

Sono innamorato di Sunday e assolutamente convinto che sia la donna della mia vita. Così, oggi pomeriggio, approfittando che fosse impegnata con un servizio fotografico per un compleanno, sono uscito per comprarle un anello. Sì, un vero anello di fidanzamento!

«Temevo che una proposta di matrimonio improvvisa ti avrebbe spaventata e...»

«Hai pensato di infilarlo nel dolce?!».

«A essere precisi ce l'ha messo lo chef».

«Ma vuoi sposarmi o uccidermi?!».

Ho trascorso ore appicciccato al cellulare, e dopo estenuanti ricerche sul web e far trovare a Sunday l'anello di fidanzamento dentro al dessert, a conclusione di una cena romantica, mi era sembrata l'idea più geniale…

«Certo che se avessi mangiato con più calma…»

«Dai a me la colpa?», sbraita tra i denti. Recupera il controllo e ipotizza: «magari lo chef se ne è dimenticato».

Giuseppe, dell'omonima trattoria al 59 di *Baldwin Street*, ha una memoria di ferro. *L'anello dentro al dolce ci stava*, mi ha assicurato tradotto simultaneamente da un cameriere inglese, mentre Sunday perdeva colorito.

«Ti senti soffocare?», le ho chiesto allarmato.

In realtà ho sperato che fosse incastrato nel suo esofago. Lo avrei recuperato con la manovra di *Heimlich*, mi sarei inginocchiato e avrei dato alla folla uno spettacolo migliore mettendo al dito di Sunday il fottuto anello che adesso si trova nel suo stomaco. È riuscita a mandare giù un solitario con diamante senza accorgersene!

Per riaverlo c'è solo un modo, perciò Sunday è chiusa dentro al bagno da un'ora e mezza mentre io e Johanna attendiamo fuori dalla porta il lieto annuncio.

«Come va?», si accerta di nuovo la sua amica.

«Ancora niente».

«Vuoi che ti prepari un'altra tazza di infuso?».

«Ne ho già bevuto due teiere!».

«Allora concentrati!», la incito attraverso il legno.

«A te sembra facile con quest'ansia?».

«L'ho pagato più di centoventimila corone!».

«Non è carino rinfacciare il prezzo dell'anello di fidanzamento!».

«Non lo è neppure che tu lo abbia mandato giù, e stia provando a cagarlo!».

Seguono una serie di insulti che non riporto, vi basti sapere che la signorina Rowley si è fatta valere anche da seduta sul trono. Ma passata la mezzanotte, e diverse teiere dopo, ancora non abbiamo il maledetto anello!

«Dovremmo andare in ospedale per una lavanda gastrica», suggerisce Sunday.

«In bicicletta?», replico scettico.

«Io ho una macchina!», annuncia Johanna. «Ma non posso guidare: tutto quel tè mi ha stimolato i nervi».

«Non è stata *solo* Sunday a berlo?»

«In realtà…», si finge affranta, «ogni volta che riempivo la tazza per lei, ne bevevo una anch'io. Non ho resistito».

«E quindi chi guida?»

«TU!», mi rispondono in coro.

Le mie proteste non valgono un emerito cazzo, mi ritrovo a guidare un ferrovecchio contromano in una città che non conosco, *di notte* e con due pazze che dicono assurdità dal sedile posteriore anziché darmi indicazioni più precise; sono già finito sul marciapiede un paio di volte, per un prodigio non ho divelto la fila di lampioni!

«Accosta», strilla Sunday all'improvviso, piantando i piedi contro il mio schienale, e io assesto un pugno alla portiera nel tentativo di afferrare la leva del cambio che invece è a sinistra. *Dannati inglesi!*

«Siamo arrivati? Non vedo l'ospedale».

«No, ho avvertito una colica».

«Cerchiamo un bar?», perplesso, sbircio fuori dal vetro.

«No!».

Mi volto indietro. «Quindi? Vuoi farla qui?».

«Non sulla mia macchina!», si allarma Johanna.

«Come non fosse già una fogna», commento tra i denti.

«Era un falso allarme. Vai!».

Vado. Dove non lo so ma spingo l'acceleratore, almeno quello è dove me lo aspetto, e ripartiamo a singhiozzi; ho già detto che la macchina di Johanna è un catorcio?

«Frena!», strillano di nuovo alle mie spalle. Questa volta entrambe e io inchiodo e sterzo facendo stridere le ruote.

«Un'altra colica?»

«No, hai sbagliato strada!», dice Sunday in tono d'accusa.

«Magari è perché *non la conosco* la strada», lamento osservandola sbieco dallo specchietto retrovisore. «Se una di voi volesse farmi la cortesia di indicarmela, anziché urlare col rischio che possa sbandare e ammazzare qualcuno!». Serpeggio come un ubriaco a ogni veicolo che incrociamo, basterebbe un passante incauto per sfociare nella tragedia.

«Avresti dovuto svoltare a destra, un isolato fa».

Perché non me lo dite quando saremo in Scozia? Faccio inversione dove è chiaramente da incoscienti farlo, stando alle mani che Sunday e Johanna si sono portate sugli occhi, e raggiungo quella fottuta clinica.

«Ha un anello nello stomaco!».

«Di fidanzamento!».

Varcata la soglia dell'ospedale Johanna ha imbracciato una sedia a rotelle e ci ha caricato sopra Sunday, e ora scorrazzano per il corridoio strillando. Intuisco che Sunday abbia apprezzato la mia proposta di matrimonio, che in realtà non ho ancora formulato, da come si ostina a puntualizzare.

«Ha un anello nello stomaco!», ripete Johanna al medico che ha braccato.

«Di fidanzamento!».

Alla pretesa di Sunday di una lavanda gastrica, il dottore ha risposto con un lassativo.

Sono trascorse troppe ore da quando l'ha ingerito e ormai l'anello ha fatto il suo corso, le ha spiegato. E visto che a suo dire l'agitazione non le avrebbe consentito di espellerlo naturalmente, le è stato somministrato un aiutino che in pochi minuti l'ha costretta a correre in bagno in compagnia di una *sensuale* padella ospedaliera.

Oggi.

«Birkir, apri immediatamente questa porta!».
«Sedici mesi fa mi supplicavi per l'opposto».
«Io non ti sto supplicando, ti sto minacciando», ringhia Sunday attraverso il legno. «Come sedici mesi fa!».

Bristol, episodio increscioso di 16 mesi prima.

«Birkir, non osare aprire questa porta!».
«Voglio solo assicurarmi che tu stia bene».
«Starò bene quando allontanerai il tuo orecchio dalla fottuta porta!».
«Temi possa sentire il tuo bel culetto strombettare?».
«TE NE VAI?!».

Oggi.

Secondo i guru della proposta di matrimonio avrei dovuto inginocchiarmi, ma quando Sunday mi ha raggiunto aveva già l'anello al dito e tutt'oggi non mi è chiaro se quelle che bagnavano le sue guance fossero lacrime di gioia o dovute allo sforzo. O al disinfettante che aveva riversato sull'anello tanto da farlo puzzare per giorni!

Metto il punto con la penna, mi alzo dal coperchio del water e faccio scattare piano la serratura della porta. Sunday la spalanca sulla mia faccia e si appropria del quaderno.

«Fa' vedere!».

Pure se non li sento, stando allo specchio ho ancora tutti i denti! Ciò non toglie che Sunday possa spaccarmeli tra un secondo: l'espressione sul suo viso mentre legge quello che ho scritto non fa presagire nulla di buono.

«Sono stato breve», cerco punti in mia difesa, «su alcune cose ho sorvolato».

Lei non risponde, i suoi occhi corrono rapidi da sinistra a destra finché letta la conclusione non mi inquadrano.

«Erano di gioia, cretino!».

Progettare non è da Birkir

Stabilite un budget, la data e il luogo, il numero degli invitati, la prova dell'abito e... Accartocciate il vostro progetto e buttatelo nel cesso!

In fondo l'Islanda non è così tanto distante da casa, ormai era palese che la mia casa fosse Birkir ed era stato naturale per me accettare di sposarlo per poi seguirlo nel suo paese, dove lui aveva le basi per un futuro solido e io avrei di certo trovato nuove opportunità. Ma organizzare un matrimonio a distanza richiede molto tempo, una buona organizzazione e Birkir ha sempre fatto fatica nel portare a termine i progetti.

«Certo, perché sono io l'unico responsabile!», irrompe Birkir seduto al mio fianco. «Stai dicendo questo, no?».

«Sto dicendo che ti sei distratto, sì».

«E mentre io ero *distratto*, tu che facevi?».

«Io mi fidavo!».

Bristol, un anno prima.

«Sono ingrassata!», sbuffo scoraggiata e lascio che la pancia mi esploda dentro al corpetto dell'abito da sposa. Quello che ho scelto mesi fa, dopo aver messo al dito un anello che prima era passato per il mio... intestino.

«Ma se non hai mangiato un cazzo nell'ultimo mese!». Per quanto Johanna insista, la zip frena sui miei reni e scende fino al sedere riaprendosi.

«Se lo strappiamo dovrò pagarlo comunque», dico tra i denti, invitandola a desistere e fermare questa agonia.

Lo stile sirena mi calzava a pennello, ora invece rimarca una pancia da alcolista che non credevo di avere fino a oggi, e non voglio pensare di dover sborsare altre sterline – *che non ho* – per le dovute modifiche di sartoria.

«Hai sempre la nausea…», riflette tra sé Jo, stravaccata sulla poltrona del camerino, mentre io mi sfilo a fatica il vestito arrotolato sulle cosce.

Passa un secondo durante il quale io e Johanna ci guardiamo fisso negli occhi, prima di esclamare all'unisono: «Oh mio dio!».

«Non sarà che… Sei incinta?».

La mia risata isterica riempie lo stanzino. Il mio cervello invece sta ribaltando i cassetti dei miei ricordi e, no, proprio non ho idea di quando mi sia venuto il ciclo l'ultima volta e non è strano: l'organizzazione delle nozze mi ha pienamente assorbito. La mia routine è scombussolata, il mio organismo è scombussolato e – sospiro – *oh mio dio!*

Oggi.

«In effetti ero io quello distratto. Tu eri attenti*ssss*ima!».

Ignoro la frecciatina di Birkir e continuo a scrivere.

Bristol, un anno prima.

«Ma che dici! Io e Birkir siamo stati attenti». *Giuro che lo ammazzo!* «E poi, c'è in giro quel virus enterico…».

«Allora come mai sei ingrassata?», chiede subdola Johanna. «Chi non mangia dimagrisce, e chi ingrassa senza aver mangiato ha avuto in circolo qualcosa che non era un virus. E non nell'intestino!».

«È lo stress», mi convinco mentre mi rimetto addosso i miei vestiti. L'aria dentro questo camerino è rarefatta!

Usciamo, riconsegno la palla d'organza alla commessa, e lasciamo l'atelier senza dare nessuna delucidazione.

«Il problema dell'abito non ci voleva…», brontolo mentre cammino concitata, con le dita serrate alla tracolla.

«Quindi dici che è per lo stress che sei lievitata come una pagnotta?».

Johanna non sembra affatto convinta. O meglio, lo è di qualcosa… un'altra cosa alla quale non voglio pensare!

«Mancano sei mesi al matrimonio e…»

«E tra sei mesi sarai già un pallone aerostatico, o peggio, avrai una equipe medica tra le cosce e non penserai al vestito».

«IO NON SONO INCINTA!», tuono, bloccandomi sulle strisce pedonali e attirandomi le ire degli automobilisti.

Ci risiamo. È quasi Natale, la città è invasa dagli addobbi scintillanti, le vetrine sono allestite per spingerti a comprare, comprare, comprare. La gente va in giro con un sorriso plastico sulle labbra, i doni per i propri cari impacchettati e stretti al petto, mentre io ho la bocca rugata e stringo in mano un dannato test di gravidanza.

«Sono incinta!».

Due linee colorate non lasciano dubbi. Ancor meno il medico: *sei al terzo mese di gravidanza, congratulazioni.*

Oggi.

Fare le cose in grande sfidando le proprie possibilità invece è proprio da Birkir!

Improvvisamente sulla mia agenda il mese di giugno era denso di impegni: sarei diventata la moglie dell'uomo che fa battere il mio cuore forte da farmi percepire in ogni secondo di essere viva, e avrei partorito due gemelli.

Avevamo soltanto due alternative: cambiare la location scelta per le nozze con una sala parto, o rimandare.

«Te ne penti?», domanda Birkir in un sussurro commosso.

Gli sorrido e, stringendo le sue mani, scuoto la testa. «Mai».

Restiamo a guardarci con gli occhi lucidi, le dita incastrate nei nostri spazi imperfetti, illuminati dalla candela sulla scrivania finché Birkir non dà fiato alla bocca per una delle sue uscite.

«E per la cronaca, anch'io mi fidavo della Durex![1]».

---

[1] Chiedo venia alla *Durex* per quanto riportato per dovere narrativo, in realtà l'azienda non ha alcuna responsabilità in questa vicenda. La verità è che non sempre siamo stati attenti, quando la passione ci travolge siamo spesso incoscienti e quella volta è ovvio che il profilattico lo avevamo scordato, ma si è dimostrata la distrazione migliore della nostra vita.

Islanda *Vs* Inghilterra

I protagonisti della gravidanza sono i ~~futuri genitori~~ nonni!

Sunday era preda della crisi ormonale, invece io per accontentare le sue voglie notturne attraversavo una crisi da sonno e...

«Cioè, ti lamenti della perdita di sonno?», se ne risente Sunday che non rinuncia a vigilare sulla novella. «Allora io? In pochi mesi mi sono trasformata in una mucca da latte, dormire a pancia in giù non mi era più possibile, e nella posizione inversa il seno gonfio rischiava di soffocarmi».

«Sul fianco dormivi benissimo. Russavi!».

«Ero incinta!».

«Va bene, però, perché la testa di capra bollita sempre di notte e con i gradi sottozero? Non ti è mai piaciuta!».

«Probabilmente perché c'entravi *tu* con la mia gravidanza? A te quella roba piace, io ho dovuto sacrificarmi!».

«E invece non chiudere occhio ogni notte per nove mesi come lo chiami?».

«Sei mesi. Non nove!».

Ah. Allora è okay.

Grundarhverfi, battaglia di Norðurey 6 mesi prima.

Lo scontro tra le nostre famiglie ci ha colto di sorpresa, con le difese indebolite in un niente ci siamo ritrovati sotto assedio: da una parte l'Islanda, dall'altra l'Inghilterra e noi nel mezzo mentre lottano per la supremazia.

Tra la possibilità che Sunday possa entrare in travaglio prima della data prevista – motivo per cui i suoi genitori si sono fiondati qui – e l'*Eyjafjöll* che potrebbe eruttare bloccando il traffico aereo, l'unica cosa che sembra li preoccupi è che sono i nonni, ognuno ha idee contrapposte su come sia più giusto crescere ed educare i nostri figli, e che due di loro vedranno meno i nipoti.

«Io ritengo sia più sicuro partorire in Inghilterra», sta sostenendo proprio adesso Barbara, la madre di Sunday.

Sembra un raduno degli alcolisti anonimi. Seduti in semicerchio nella mia camera da letto diventata *la nostra*, ognuno dice la sua su praticamente tutto mettendo in discussione qualsiasi decisione presa da me e Sunday.

«Mamma, stai serena, qui sono assistita in maniera ineccepib…»

«Ma non parlano la tua lingua, Sun!», la interrompe sua madre.

«Mi pare che ora stiamo conversando in inglese», puntualizza *la mia* di madre. «Siamo bilingue, semmai avete voi un deficit».

«Noi avremmo un deficit?!». Barbara ride colta da una recente isteria. «Se non fosse stato per noi inglesi…»

«Noi islandesi nel '50 avremmo avuto molto più merluzzo da mangiare!», completa prontamente mio padre.

«Vi siete sempre presi tutto il pesce che volevate, nel '50 come nel '70», interviene austero Quintin Rowley.

«State discutendo del merluzzo quando Sunday potrebbe partorire da un attimo all'altro? Sul serio?», chiedo.

L'occasione rende l'uomo ladro, o la donna in questo caso. Barbara ne approfitta per tornare a battere sullo stesso chiodo. «Dovresti tornare a casa per il parto».

«Mamma, io vivo qui da sei mesi. È questa la mia casa adesso».

«Avresti dovuto trasferirti dopo il matrimonio», le rinfaccia la madre imbronciata.

«Sì, ma ho scoperto di essere incinta e lo abbiamo rimandato». *Come non lo sapesse!*

«Appunto, sei incinta, due neonati sono molto impegnativi», riprende sua madre. «In Inghilterra potrei starti vicino io, continuerebbe a seguirti il tuo ginecologo inglese, partoriresti nella tua nazione, saresti più serena».

«Ho già un medico molto competente che mi assiste da sei mesi. Frequento il corso di preparazione al parto», Sunday mi sorride e prende una mia mano nella sua, «noi lo stiamo seguendo insieme. E tu, mamma, sei qui».

«Siamo tutti qui, tesoro», si intromette mia madre. «Pronti a sostenervi e consigliarvi in questa nuova tappa della vostra vita».

«È questo il problema», dice Barbara sottovoce. Evidentemente non abbastanza perché mia madre non senta.

«Che cosa vorresti insinuare, mia cara?». Mai udito un *mia cara* più falso di questo.

Barbara non si lascia intimidire. La mia adorabile suocera, quella conosciuta prima della gravidanza, è stata soppiantata dalla versione nonna materna insospettatamente protettiva. Lo stesso è accaduto a mia madre.

«Il modello genitoriale islandese non mi piace».

Mia madre scoppia a ridere. «Questa è bella. Che ne sai tu del nostro modello?».

«Lasciano i bambini fuori al freddo, da soli nei passeggini!». Barbara dimostra che si è informata rivolgendosi però a Sunday, allo scopo di metterla in guardia.

«Devono temprarsi!», sostiene sicura mia madre. Che poi consiglia: «Se volete che i vostri figli crescano sani, non preoccupatevi troppo se si ammalano. Da adulti avranno un sistema immunitario difficile da sopraffare».

«Lo vedi?», dice Barbara rivolta alla figlia. «Non erano fandonie quelle riportate su internet. E poi, ieri ho visto coi miei occhi un povero bambino abbandonato a se stesso, nel passeggino fuori dal bar dove la madre faceva colazione tranquillamente».

«E perché avrebbe dovuto preoccuparsi?», domanda placida mia madre. «L'aria pulita fa bene ai polmoni».

«D'inverno può causare la bronchite!», replica l'altra.

«Birkir è nato in pieno inverno, l'ho sempre lasciato due ore all'aperto tutti i giorni e neppure un raffreddore».

«Frottole», sibila Barbara, imbronciata, incrociando le braccia al petto.

«Almeno qui li svezziamo con cibi idonei», accusa mia madre neppure troppo velata. «Infatti i nostri bambini scoppiano di salute, non sono obesi e non hanno livelli di colesterolo pari a quello di un adulto incosciente».

«In Inghilterra, infatti, li nutriamo con la fionda: *scionf!* Fast food direttamente in gola», la punzecchia l'altra.

Mia madre però resta nella modalità *super seria:* «Grazie a dio qua siamo riusciti a farli chiudere tutti quanti».

«Quale dio?», domanda Quintin con un sopracciglio che svetta inarcato sulla fronte. «Uno pagano, oppure…»

«Qualcosa in contrario sui nostri dèi?», si risente mio padre.

«Non erano hamburger quelli serviti in quel bistrot in centro?», chiede Barbara al marito.

«Solo di ristoratori locali!», risponde mia madre.

Quando io e Sunday credevamo che la situazione non potesse peggiorare, hanno cominciato a parlarsi sopra!

«È ciò che mi preoccupa», tuona Quintin, «il vostro individualismo. Una cultura retriva e chiusa verso gli altri».

«La popolazione islandese è di più larghe vedute rispetto a qualunque altra», dichiara accalorato mio padre.

«Se i miei nipoti nasceranno qui…» quell'altro prova a riprendersi la parola ma papà lo ferma per correggerlo.

«Sono i miei nipoti».

«Sono nostri!», dicono insieme le nonne. Il termine *nostri* non era mai suonato tanto possessivo come ora.

«Non avranno neppure un cognome», finisce Quintin.

«Avranno un patronimico, è come il vostro cognome, suppergiù. Definisce di chi sono figli», spiega mia madre.

«In realtà noi…», Sunday prova a intervenire ma nessuno la ascolta.

«Perciò devo sperare in Lake per avere un nipote che porti il mio nome», riflette Quintin. «In pratica è come attraversare un cerchio di fuoco con un ghiacciolo in mano e sperare che non goccioli».

«Dunque salta fuori chi è retrogrado tra noi», commenta trionfante mio padre. «Anche se non c'erano dubbi».

Intanto si sta svolgendo un'altra conversazione in parallelo: quella tra le nonne che sono tornate agli ospedali.

«In Inghilterra l'NHS assicura alla madre e al bambino un'ottima assistenza anche nella fase post parto», sta dicendo Barbara. «Sono strutture pubbliche ma ben organizzate, attente alla pulizia e alla salute dei pazienti».

«Ah, certo», mia madre annuisce con le sopracciglia sollevate, «invece qui le facciamo partorire nelle stalle!».

«Vili sostenitori del patriarcato, ecco cosa siete voi islandesi!», sbotta Quintin preso da tutt'altra discussione.

«Ma cosa mi tocca sentire», brontola dapprima mio padre che dopo alza la voce «E invece voi inglesi siete…»

«Oooh, adesso basta!», urla all'improvviso Sunday zittendoli tutti. «Partorirò in Islanda, mamma, fattene una ragione. Sono qui da sei mesi, ho diritto all'assicurazione sanitaria e alle cure di maternità gratuite: ricovero, visite, medicine. E, papà, questo paese è avanti anni luce non solo per le agevolazioni economico-sanitarie ai genitori, qui le donne hanno pari diritti e pari salario e…»

«Tu sei inglese», la interrompe lui. «Sei una Rowley».

«E lo resterò», lo rassicura lesta. «Non è obbligatorio prendere il cognome del marito già dal 1997, e prima…», Sunday stringe la mia mano mentre ci scambiamo un'occhiata complice, «stavo cercando di dirvi che abbiamo deciso di dare il doppio cognome ai gemelli».

«Doppio cognome?», chiede attonito mio padre. «In Islanda non esiste il cognome!».

«Beh, in Inghilterra sì», esulta l'altro sollevato alla notizia che sui documenti dei nipotini ci sarà scritto Rowley.

«Birkir», mio padre mi guarda teso, «nella nostra famiglia abbiamo sempre dato il patronimico ai nuovi nati».

«Lo avranno», assicuro. «Si chiameranno Rowley Birkisson o Birkirdòttir».

«A proposito», s'inserisce placida Barbara. I miei genitori sono ammutoliti e pensierosi. «Siete ancora dell'idea di non voler sapere il sesso?».

«Preferiamo la sorpresa, sì», conferma Sunday.

«Ormai manca poco», finisco io un po' ansioso.

«Ma almeno ai nomi avrete pensato».

«Certo», rispondiamo all'unisono Sunday e io.

«Johnny e…»

Mi precipito per contraddirla. «Ma non avevamo escluso i nomi di entrambi i protagonisti di Dirty Dancing?»

«Tu li avevi esclusi, non io». E fa comparire sulla bocca il sorriso antipatico che ha sempre prima di un litigio.

«E nel caso di una femmina, o due?», domanda Barbara curiosa.

«Freyja e…»

«Come il pony?», mi parla sopra Sunday.

«Cavallo», rettifico. «È la dea norrena dell'amore!».

«Quella che Loki avrebbe definito ninfomane? Non darò a mia figlia un nome per cui la prenderanno in giro».

«In Islanda nessuno oserebbe farlo».

«Già, perché è qui che vivranno», commenta rattristita Barbara. «Noi non li vedremo mai, perderemo tutto: primi passi, prima parola, il primo dentino…».

«Verremo a trovarvi», la consola rapidamente Sunday. «E anche voi potete venire qui ogni volta che vorrete».

Parliamone! Mettiamo dei paletti quantomeno.

«Esiste internet. La videochiamata!», suggerisce mia madre.

«Facile dirlo quando voi sarete quelli che vedranno di più i miei nipoti».

«Sono anche nostri!». Ci risiamo.

«Ma voi li avrete dentro casa tutti i giorni!», si lamenta Barbara. «Forse sarebbe opportuno che viveste metà anno in Inghilterra, come avevate deciso in principio», e si rivolge a noi che ora abbiamo ben altro problema.

«Se insisti per Johnny, ho pari diritto di scegliere il nome che voglio», sto dicendo a Sunday che si imbroncia.

«Così i bambini crescerebbero confusi!», tuona mia madre. «Non sapranno capire se siano inglesi o islandesi».

«Loro sono inglesi!», sostiene Barbara.

«Sono anche islandesi!».

«In Inghilterra il clima è migliore».

«Ma se piove sempre? Qui in Islanda l'aria è pura, ci sono grandi e verdi vallate, le cascate, non esiste smog!».

«A Bristol potrebbero frequentare un'ottima università, tante facoltà tra cui scegliere. Potrebbero diventare infermieri come me, o dentisti come mio marito».

«Vogliamo fargli frequentare prima il nido?», la burla mia madre. «Ancora non sono nati e *questa* già parla di università! Faranno quello che vorranno», aggiunge seria.

«È questo che non mi piace di voi islandesi: che non vi interessate del futuro e delle ambizioni dei vostri figli!».

«Voi inglese invece li asfissiate! Noi ai figli diamo consigli, non li obblighiamo a fare ciò che vorremmo».

E a proposito di questo…

«Uno chiamatelo come me. Quintin è un bel nome», pretende il nonno materno, preso da tutt'altra diatriba.

Ah, ah, ah! Se la ridono dall'altro fronte. «Quintin non si è mai sentito in Islanda. Nessuno si chiama così, qui».

«Perché tu conosci tutti, uno per uno». Il padre di Sunday beffeggia il mio, che risponde al fuoco con il fuoco.

«Prendiamo l'elenco del telefono? Non c'è nessun Quintin», chiosa. «Il *Comitato Islandese* non lo approverà».

Io e Sunday siamo impegnati a discutere tra di noi per pensare di placarli, alla fine ci siamo lasciati trascinare in un tutti contro tutti estenuante.

Oggi.

La sovrapproduzione di ormoni di Sunday aveva cominciato a fare scintille con la mia mancanza di sonno, la miccia l'avevano accesa i nostri genitori e in un barlume di lucidità li misi alla porta. Mandai la mia famiglia a casa propria, e confinai la sua nella camera riservata al pianterreno della Norðurey chiusa per parto imminente.

«La pace ti è costata tre tazze di cioccolata calda».

La voce divertita di Sunday mi riporta a quella notte che ci ha cambiato la vita. Poso la penna e, girandomi, la avvicino a me tirando la sua sedia.

«E una lunga serie di baci», dico, sottovoce, sporgendomi verso le sue labbra. Le sue gambe sono tra le mie, le sue dita scivolano sotto la mia maglietta, risalgono la pelle dai fianchi alle costole e stringono sulla schiena.

La bacio. Affondo nella sua bocca, famelico come sempre, Sunday scivola a cavalcioni su di me accogliendomi e la novella subisce una battuta d'arresto.

«Ti è dispiaciuto?», soffia sulle mie labbra.

Scuoto la testa. *Affatto.* «Neppure adesso».

«Dobbiamo fare piano». Lo ricorda più a se stessa che a me.

Qualcuno potrebbe sentirci e, anche se dubito capirebbero che cosa sta accadendo, trovo eccitante la sensazione di stare facendo qualcosa di proibito.

Ragnarök!

«Questo capitolo dovremmo scriverlo metà ciascuno», considera Sunday osservando la pagina ancora bianca.

«Hai ragione. Comincia tu».

Sunday

Quando il gioco si fa duro, i padri svengono.

Ci eravamo messi a dormire da un paio d'ore, o per meglio dire tutti dormivano da un paio d'ore ma io mi sentivo irrequieta così mi ero alzata. In punta di piedi avevo lasciato la camera da letto, mentre entravo in cucina mi dissi che forse avevo abusato con la cioccolata — non era strano che mangiassi per tre, ormai — in realtà l'intuito mi aveva suggerito che era tutt'altro il motivo, e una lieve fitta mi confermò che quella notte nessuno avrebbe continuato a dormire ancora per molto!

Al corso preparto mi avevano detto che era fondamentale mantenere la calma, perciò mi preparai una tazza di tè, dopo avrei fatto una doccia e solo al momento opportuno avrei svegliato gli altri. E giuro che ho provato a essere saggia, forte, una superdonna… Ma poi mi sono detta: «fanculo il corso»; e ho svegliato Birkir urlando.

Islanda, giugno di 6 mesi prima.

Sono le tre di notte ma fuori è piena luce. Prima o poi mi abituerò a questa cosa che in estate il sole in Islanda non va quasi mai a dormire, come ai lunghi inverni bui.

Piove, *come quando sono nata* ci tiene a ribadire mia madre. È entrata in loop da quando li abbiamo svegliati nella maniera più indelicata — lei, papà e i genitori di Birkir — e subito caricati sul sedile posteriore della jeep.

Giungiamo all'ospedale nella capitale in un baleno, non c'era traffico e Birkir ha spinto sull'acceleratore come un assassino.

Io ho delle doglie *sopportabili*, mi sistemano su una sedia a rotelle e tutti strepitano tranne me. Sono attonita, impaurita, alla prima contrazione seria penso di detestare Birkir, con la seconda me ne convinco e ficco le unghie nel suo braccio per ripicca.

«Ti fa tanto male?», mi chiede lui in un sussurro sofferto.

Credo di avere gli occhi iniettati di sangue. «È colpa tua!».

Lui resta stoico. Al corso preparto l'avevano preparato alla possibilità di astio improvviso nei suoi confronti.

Per alcune ore ci tengono in una stanza dove eseguono i controlli di routine, io piagnucolo, sto sempre peggio e ho perso il senso del tempo che sembra scorrere lentissimo, finché non vedo comparire il mio ginecologo con due profonde occhiaie da sonno brutalmente interrotto.

«Abbiamo una dilatazione sufficiente», considerano medico e infermiera a un certo punto. Mi informano che stanno per portarmi nella sala parto e nella mia testa ci sono le scimmie urlatrici; sto per farmela sotto e c'è l'imbarazzante possibilità che accada sul serio.

Birkir segue la mia barella, mia madre piange, mio padre è bianco come un lenzuolo, Daðína ha una mano in bocca impegnata a rosicchiarsi le unghie mentre Brimir col suo andirivieni sta scavando un solco nel corridoio.

Prima che le porte della sala parto mi inghiottano, vedo arrivare Harpa trafelata e con il telefono all'orecchio.

La luce è accecante, ci sono tubicini che escono dal mio braccio, ho una serie di ventose sul petto, i macchinari producono odiosi *bip* e vedo il volto di Birkir spuntare dall'alto: sembra una meravigliosa apparizione divina.

Ma io lo odio! Sì, lo odio da morire però stringo la sua mano perché non voglio che se ne vada, ho bisogno di lui più che mai.

Oppure no...

«Tra poco sarà tutto finito», dice.

«Vaffanculo!», ringhio tra i denti.

Lui continua ad accarezzarmi la fronte, in un modo che adesso trovo snervante. E lo so che gliel'hanno detto al corso preparato, ma non me ne frega un cazzo ora!

«Voglio l'epidurale!», strillo sudata come dopo zumba.

«Avevi detto che preferisci sentire tut…»

«Fatemi un'epidurale o giuro che gli stacco una mano a morsi», minaccio posseduta da chissà quale demone.

L'anestesista mi infilza la schiena con l'ago nemmeno fossi un marshmallow, e io mi metto a inveire in inglese contro tutta l'equipe: «maledettissimi stronzi bastardi».

«Guarda che ti capiscono».

La mia testa si gira verso Birkir come quella della bambola assassina. «Non contestare! Quante volte ti hanno detto al corso che NON DEVI CONTESTARE!».

«È il momento di spingere, Sunday», mi incita il medico. E porca miseria, non ho mai sudato tanto come oggi!

Mi sembra di essere sul lettino con le gambe divaricate, in naturale assenza di pudore mentre un folto gruppo di gente scruta nel mezzo, da un secolo o due. Il sudore come un collante mi ha appicciato i capelli alla fronte, non mi sento più le dita delle mani e credo che quando aprirò i pugni quelle di Birkir mi resteranno tutte e dieci nel palmo, sto digrignando i denti così a lungo che avrò le rughe di una ottantenne e temo che la forza mi stia venendo meno.

A un tratto le pareti del mio corpo si dilatano come sopraffatte dalla piena di un torrente, avverto un vuoto che diventa subito una nuova pienezza, un'onda di sollievo mi invade e scioglie tutta la tensione dai muscoli.

«Il papà vuole tagliare il cordone?».

Birkir lascia la mia mano che ha smesso di stritolare la sua, sfila su un fianco per raggiungere l'altra estremità del lettino, poco dopo sento un tonfo e allungo il collo.

«Birkir?».

Birkir

Non è questione di essere uomo o donna, bensì di personalità. Di forza, coraggio, determinazione e sensibilità. Ci sono situazioni che riesci ad affrontare con caparbietà, altre che invece ti mandano al tappeto a prescindere dal cromosoma X o Y.

Reykjavík, giugno di 6 mesi prima.

Sunday ha dovuto essere forte e io avrei voluto esserlo un un po' di più, invece sono svenuto come nel cliché più sentito, *più volte*, e custodirò un ricordo annebbiato di quel momento non per questo meno totalizzante.

I gemelli stanno bene. Le infermiere si stanno prendendo cura di loro e di Sunday, io ci ho messo un po' prima di riprendermi del tutto, e fuori dalla sala parto uno stuolo di parenti angosciati mi accerchiano appena esco.

Non so come Lake sia riuscito a raggiungerci così in fretta, ma adesso ci sono anche le nostre rispettive nonne.

«Sono nati?», chiedono in coro. Hanno le facce stravolte dal sonno e non mi ero accorto che fosse quasi l'ora di pranzo. Il travaglio è durato nove ore!

«Un bambino e una bambina», annuncio fiero. Cazzo, sono davvero così fiero che malgrado ansia e stanchezza ho un sorriso enorme che non mi abbandona. La mia *ragazza inglese* ha capovolto il mondo come il Ragnarök, però in meglio.

«Vi presento Louise e Bjarnar».

Li ho portati tutti con me nel reparto maternità e ora sono tutti appiccicati con le mani al vetro della nursery, estasiati nel vedere quei due piccolini nelle loro tutine abbondanti, in culle adiacenti che dormono beati dopo la loro prima battaglia vinta. Sono venuti al mondo in anticipo, frettolosi come il loro papà e al tempo stesso cauti come la loro mamma.

«Farò per loro due maglioni tradizionali identici con le mie stesse mani», annuncia orgogliosa mia nonna Þula.

«Io spedirò i vestitini del mio Quintin, di quando era neonato», ci informa nonna Anke. «Li conservo ancora».

«Così puzzeranno di naftalina», considera contrariata nonna Þula.

Anke ne risente subito, e contrattacca. «E con la tua lana, allora? Non faranno che grattarsi fino a ferirsi!».

«Sono indubbiamente dei Rowley», sta dicendo poco più in là il padre di Sunday. «Quei lineamenti non mentono».

«I lineamenti di due neonati cambiano da un'ora all'altra», sbuffa mio padre. Le due nonne se non altro hanno indetto una tregua e, insieme, si sono preoccupate di contare a distanza il numero delle dita di mani e piedi.

Lo stesso non si può dire di Lake e Harpa, che vicini sono come cane e gatto!

«Il mio fascino si accresce ora che sono diventato zio», considera lui con fare da spaccone. «Ho due bei nipoti».

«Che per fortuna vedrai in rare occasioni, e non potranno subire la tua pessima influenza», lo raggela Harpa.

«Quello che mi preoccupa è che subiranno la tua», replica Lake. «Dovrò sgobbare parecchio quando li vedrò, se non voglio che diventino uno sfiduciato e una figa di legno».

«Sono questi i *sani* principi che vuoi indottrinare?», ribatte lei acida. «Meriteresti una diffida sull'intenzione!».

«Forse dovrebbero richiederne una per te, io vivo in un'altra nazione a tre ore di volo, tu sei più pericolosa!».

«Per rovinare un'ottima educazione, in alcune fasi, può bastare una giornata in compagnia di quelli come te».

«Per questo mi stai alla larga? Temi la mia cattiva influenza?».

E mentre Lake allarga un sorriso strafottente, Harpa con un'occhiataccia prova a incenerire lo zio materno.

«Io sono adulta e praticamente immune ai tipi come te».

«Questo è da vedere».

«Non avrei dovuto telefonarti».

«A proposito, è carino che tu abbia tenuto il mio numero».

«Non farti illusioni», dice lei tra i denti, intanto che una infermiera ci annuncia che Sunday è nella sua stanza.

Inutile a dirsi, ci si sono fiondati tutti assieme ognuno vantando i propri motivi e diritti per non farsi indietro, se non fosse che l'infermiera li ferma sul traguardo asserendo che dovrebbero concedere ai neogenitori un momento per stare da soli con i loro bambini.

Oggi.

I gemelli erano stati sistemati nella stessa culla, uno accanto all'altra succhiavano il pollice e facevano strane smorfie mentre io camminavo su un pavimento di nuvole e spingevo la culla con le braccia ridotte a due budini.

Il sorriso di Sunday, quando ci ha visto entrare, è la ricompensa per qualcosa di immenso che io non penso di aver fatto in questa vita.

«È ciò che penso anch'io ogni volta che ti guardo», sussurra Sunday, strisciando con la sedia più vicina a me.

«Di sicuro non quella mattina, appena dopo il parto».

«Soprattutto quella mattina», controbatte lei, tenera.

«Ero su una sedia a rotelle», le ricordo, «sudato e sfinito come avessi compiuto un'impresa grandiosa e invece sei stata tu. Io sono svenuto».

«L'abbiamo fatto insieme. Metà ciascuno». Gli occhi di Sunday luccicano per la commozione. Poi il suo sorriso illumina la stanza adombrata. «E forse tu eri un pochino invidioso della mia sedia e del mio aspetto stravolto».

La guardo, irrimediabilmente attratto. «Non sei mai stata bella come quella volta. E non fraintendermi, tu sei sempre bellissima Sunnudagur, ma quella mattina…»

«Ero sudata e puzzavo», dice interrompendomi. Arrossisce ancora!

«Non è vero», io scuoto la testa. Avvicino di più le nostre sedie e, cingendole i fianchi, infilo il naso nell'incavo del suo collo respirando la sua pelle. «Avevi un buon odore, uno nuovo che continua a mandarmi fuori di testa persino più di prima. Il profumo che hai adesso…», socchiudo gli occhi, lo inspiro riempiendo i polmoni.

La sento deglutire, la vena sul collo di Sunday pulsa furiosa, quando ci troviamo vicini siamo sempre sul punto di esplodere.

«Hai una passione per il rigurgito di neonato?», prova a stemperare con una battuta. Però mi resta addosso.

Avanti così la novella non finiremo mai di scriverla, e il rischio è che ci ritroveremo con una squadra di calcio!

«Forse, anche, ho di sicuro una passione per te».

«Che non hai mancato di dimostrare davanti alla nostra famiglia al gran completo».

Drizzo la testa. «Stavo solo baciando la madre dei miei figli, nonché futura moglie».

«Sì, ma ti hanno trovato sul mio letto a cavalcioni su di me».

«Te l'ho detto, noi islandesi siamo molto, molto passionali».

«E quando poi gli abbiamo detto con che rito intendevamo sposarci?».

«Ho creduto davvero che avremmo avuto tua nonna sulla coscienza!».

Matrimonio vichingo

«Anche questo è un capitolo che dovremmo raccontare entrambi», valuta Birkir di nuovo chino sul quaderno.

«Cominci tu?».

«E togliere ai lettori l'occasione di vederti coi miei occhi?», scuote la testa e consegna la penna. «No, inizia tu».

Sunday

E prometto di amarti per l'eternità. Ma scorda che pulirò il pollaio!

Settembre è diventato a tutti gli effetti il nostro mese. A settembre ci siamo incontrati per la prima volta, era settembre quando ci siamo ritrovati e abbiamo concepito i nostri due figli, a settembre siamo diventati marito e moglie dopo aver rimandato le nozze di tre mesi perché a giugno era subentrato un impegno inderogabile che meritava la nostra completa attenzione: diventare genitori.

Húsafell, settembre di 3 mesi prima.

A circa un'ora e mezza d'auto da *Norðurey*, ovvero dalla guesthouse che è diventata anche la nostra casa, si trova una foresta di betulle nane, *Húsafellkógur*, che gli islandesi considerano sacra e dove noi abbiamo scelto di far celebrare il nostro matrimonio con il rito vichingo rivisto: a nessuno verranno tagliati i palmi delle mani e, cosa più importante, anche se mia nonna è ancora convinta del contrario malgrado le rassicurazioni, nessun animale verrà sacrificato e non berremo calici pieni del suo sangue.

Ieri sera, come da tradizione, sono stata rapita. Abbiamo raggiunto questo magnifico hotel a *Húsafell* insieme a familiari e amici e poi, Harpa e Ýja, con la complicità di Johanna giunta dall'Inghilterra per l'evento (imbottita di farmaci per il mal d'aereo che prima ha dovuto smaltire), mi hanno prelevata dalla mia stanza d'albergo, bendata e scortata in un pub della capitale parecchio sui generis per festeggiare l'addio al nubilato *come si deve.*

A Birkir è toccata la stessa sorte e, dato che c'entra Lake, non voglio sapere come abbiano passato la serata.

Da ieri non l'ho ancora rivisto, ho trascorso la notte in otto nella camera destinata a Johanna che ora dorme rannicchiata nella vasca da bagno dove si è addormentata dopo che siamo rientrate. Erano tutte fuori fase per gli alcolici tranne me. Sto allattando i gemelli e non mi è parso il caso di correggergli il latte con l'acquavite.

A non farmi chiudere occhio ci ha pensato l'emozione… Okay, anche quel leggero ma continuo russare di mia madre e gli sbuffi di mia suocera. E un po' anche i calci che Harpa mi ha assestato a ripetizione dentro al letto, il sonno delirante di Ýja e un cambio di pannolino extra per ciascun bambino chiaramente in orari differenti.

«Oh dio», esclama Johanna, riemersa dalla vasca con i capelli elettrostatici, appena mi vede entrare in bagno.

«Che c'è?», chiedo sottovoce per non svegliare i gemelli. «Qualcosa non va?».

«Sì, tesoro, la tua faccia».

«Ah, grazie. Incoraggiante per una sposa», sibilo tra i denti.

Lei salta dalla vasca come un grillo e rovista nella sua trousse. «Dobbiamo fare qualcosa per quelle occhiaie».

Prima che Johanna possa braccarmi in un angolo per imbrattarmi la faccia con il suo correttore ultra-coprente, oltretutto di una tonalità più scura della mia, le due nonne fanno capolino ciascuna con in braccio un gemello.

«Considerato come cercano di ciucciarci il mento, credo che i miei nipoti abbiano fame», annuncia mia madre.

«Nostri», la corregge prontamente Daðína.

La cerimonia è fissata per le undici di questa mattina. Sono un fascio di nervi e il rito vichingo della sauna non ha sortito alcun effetto calmante, neanche il bagno in acqua geotermale profumata con corolle di fiori sembra funzionare. Secondo la vera tradizione norrena dovrei tuffarmi in una vasca d'acqua gelida, dopo il bagno di vapore, e tutte le altre donne già sposate, come mia madre e mia suocera, avrebbero dovuto schiaffeggiarmi con i rametti di betulla ma abbiamo preferito evitare il rituale della purificazione divenuto bigotto per i tempi.

Un nodo di commozione mi stringe alla gola quando, aiutata da mia madre e da Johanna, indosso il mio abito da sposa. Un tessuto morbido che valorizza le mie forme dopo la gravidanza, color beige, arricchito dall'ampio mantello di velluto rosso.

Johanna si sta occupando dell'acconciatura, un semi raccolto, mi vedo riflessa nello specchio e i miei pensieri di sposa e di madre vanno in tilt.

Birkir sarà emozionato quanto me?

Cosa starà facendo adesso?

Avrà già indossato il suo abito?

Sarà sobrio? Lake un'ora fa traballava ancora.

Avranno portato anche lui a vedere uno strip-tease?

Oggi.

«Dunque siete state a uno spogliarello!», commenta Birkir seduto al mio fianco interrompendo la narrazione.

«Sì, ma, niente che non avessi già visto».

«Stai dicendo che io non ho nulla di più rispetto a quello spogliarellista?».

A volte dimentico che le sue origini norrene non impediscono a Birkir di provare quel pizzico di sana gelosia.

«No, amore, intendevo dire che avevo… Ho di meglio». Lo rassicuro con un tono ruffiano e riprendo a scrivere.

Húsafell, settembre di 3 mesi prima.

Guardo l'orologio, *Daðína starà arrivando per portare i gemelli dal papà*, attacco il tiralatte al seno e comincio a pompare come una forsennata.

«Che diamine stai facendo?», chiede Johanna sbigottita nel suo vestito da damigella.

«Birkir è un padre esemplare», dico con lo sguardo fisso da pesce. «È praticamente autonomo e ancora fatico a crederci», ridacchio isterica.

«Però di certo non può allattarli!», chioso, seria, riprendendo a pompare latte!

«Credo che tu sia un pochino agitata», ipotizza cauta Johanna che, sentendosi minacciata dalla mia occhiata, si premura a consolarmi: «è normale, sai. Ho acconciato moltissime spose e nessuna era esattamente in sé».

«Io sono *esattamente* in me!», ringhio e poi mi trema il labbro come fossi prossima al pianto. «Ho partorito…»

«Sì, lo so, ma oggi stai per sposarti. È molto peggio! Ti faccio portare un tè?».

Secondo Johanna una tazza di tè è il giusto rimedio per tutto, sono tentata di accettare ma in quel momento la porta si spalanca con furia bruta e nonna Anke piomba nella stanza.

«Papere, anatre, galline», elenca concitata con gli occhi sbarrati, una mano aperta preme sul legno della porta che ha inchiodato alla parete, il petto scosso dal respiro corto. «Lo sapevo! Mia nipote sposerà un selvaggio».

«Nonna, di che accidenti parli?».

«Papere, anatre, galline».

«Ci sono!», esclama Johanna alzando un dito. «È un indovinello».

«È un sacrificio», tuona nonna Anke. «Un sacrificio per i loro dèi».

«Uh, wow, ci saranno dei vichinghi coi petti nudi cosparsi di sangue».

«Questo è macabro», dico riprendendo Johanna. «Comunque, non avverrà nessun sacrificio. Te l'ho già detto, nonna».

Nonna Anke volge una mano indietro, al corridoio. «Li ho visti: papere, anatre, galline».

«C'è una piccola fattoria qui dietro, è norm…»

«Li ha portati quella vecchiaccia!». La *vecchiaccia* sarebbe la nonna di Birkir…

«Þula ha portato degli animali?», chiedo stranita.

Nonna Anke annuisce come fosse colta da fibrillazione. «Ha detto: se dev'essere un matrimonio vichingo, che lo sia». Stira le labbra e si fa scorrere un dito indice sulla giugulare come fosse la lama di un coltello: «Kaputt!».

Alla fine, quella tazza di tè l'abbiamo fatta portare e con un vassoio di pasticcini, ma per calmare nonna Anke prossima a farsi venire un malore e trasformare il rito nuziale in rito funebre. E mentre mia madre si occupava di imboccare la suocera, mio padre di tenerle su le gambe, Lake di farle aria col coperchio di una scatola di scarpe e Johanna di sventolare se stessa con una mano alla vista di mio fratello, Daðína accorsa per il baccano ci ha garantito che non ci sarebbe stato nessuno spargimento di sangue!

«Quindi nonna Þula li riporterà indietro», chiedo ulteriore conferma.

«Non può».

«In che senso, non può?»

«È il suo regalo per il vostro matrimonio».

«Ehm… e quindi?».

«Se li rifiuterete gli dèi si offenderanno». *Ah, già, gli dèi!* I personaggi mitologici qui sono tutti un po' troppo suscettibili, non soltanto gli gnomi. «Escluso il sacrificio che nessuno pratica più da secoli, dovrete adottarli e promettere di averne cura per l'eternità».

Ma perché non abbiamo pensato a una *lista di nozze* per i regali? Oppure i soldi in busta che pure ci servono!

Scampato il dramma familiare e messo da parte il piccolo imprevisto degli animali, alle undici in punto siamo nel bosco di *Húsafellkógur; non si è mai vista una sposa tanto puntuale, mi auguro lo sia stato anche lo sposo.*

E se ci avesse ripensato? Mi chiedo mentre ci disponiamo nel corteo nuziale. In testa, come vuole la tradizione vichinga c'è un giovane consanguineo, ovvero mio fratello Lake che tuttavia non donerà una spada allo sposo. Ho chiesto a entrambi i miei genitori di accompagnarmi, quindi ora mi sorreggono sottobraccio da una parte e dall'altra. Mentre alle mie spalle, impegnata a reggere il mio mantello affinché non ci inciampi, c'è Johanna.

«Ehi, chi è il capellone laggiù?», mi bisbiglia proprio lei all'orecchio.

«Un familiare di Birkir, però in questo momento non chiedermi il grado di parentela, non saprei risponderti».

«Sì, d'accordo, in un altro momento ti chiederò di presentarmelo e di non dare l'allarme quando spariremo».

«Scusa, ma il rappresentante di shampoo?».

«Potrei averlo lasciato».

«Quando?»

«Adesso!».

Oggi.

E poi l'ho visto, bellissimo ed elegante nel suo abito da sposo. Mi aspettava emozionato con i nostri bambini in braccio e mi sono sentita incredibilmente fortunata. Grata, non so a quale Dio, forse al destino, oppure solo a noi due che abbiamo avuto la forza di non lasciare andare, di perdonare per non perderci, comunque grata.

«E ricordi cosa mi hai detto durante le promesse?»

«Prometto di amarti per l'eternità. Ma scorda che pulirò il pollaio!», recito a memoria. «Ciò che veramente conta è che sia tu a ricordartene».

Lui mi rifila un'occhiata furba. «Dato che fuori nevica e fa freddo, non ti andrebbe un brodo caldo di volatile?»

«Birkir non scherzare! Abbiamo giurato che ne avremo cura». *Metti che poi gli dèi si incazzano?* «Piuttosto, perché non mi racconti cos'avete fatto la sera del rapimento?».

«Avevi detto che preferisci non sapere».

«Embè, ho cambiato idea. Coraggio, di'».

«Ecco, noi siamo andati al pub e abbiamo… Abbiamo parlato».

Lo guardo in tralice. «Voi avete parlato».

«Ti sembra tanto strano?»

«Onestamente? Sì», dico secca. Nonostante ciò, ora sono curiosa e glielo chiedo: «E di cosa avreste parlato?».

Birkir

Quattro cuori e un pollaio.

La mattina del matrimonio, all'alba che a settembre avviene poco prima delle sette, nella Bath house secondo la tradizione avrei dovuto lavarmi di dosso la mia condizione di scapolo mentre mio padre in quanto uomo già sposato – nonché mio assistente come Jakob e Lake malgrado sia mio cognato e non fratello. E nessuno dei due è un marito – avrebbe dovuto darmi istruzioni sul ruolo di padre. Però io avevo già affrontato la tappa successiva, così mi sono lavato di dosso solo la tensione e le insicurezze della notte che era appena trascorsa.

Reykjavík, settembre di 3 mesi prima.

In Brennivín Veritas.

O forse sono soltanto piombato in uno stato depressivo inatteso, quando dovrei essere su di giri e invece mi ritrovo in un pub della capitale stravaccato su un tavolo disseminato di troppi bicchierini a piangermi addosso.

«E se non fossi adatto?»

«Nessun uomo lo è», sostiene Lake col tono falsato. «Anzi, siamo tutti naturalmente inadatti al matrimonio».

«E se domani Sunday dovesse pentirsi e decidere di non scegliermi?».

«Ti ha già scelto come padre dei suoi bambini…»

«Non è stata una sua scelta. È capitato».

«Sai cosa mi chiedo io? Perché tu abbia chiesto a mia sorella di sposarti. Non eravate già abbastanza legati?».

«Perché la amo!».

«Aaah, l'amore. Non capirò mai come fate a rincretinirvi tanto fino a crederci».

«Perché ne sto parlando con te, Lake?».

«Forse perché l'acquavite ha steso tutti gli altri?».

In effetti, su questo tavolo non ci sono solo bicchieri ma anche uomini addormentati su un guanciale di legno, le bocche spalancate dalle quali si odono *graziosi* effetti sonori e le guance rosse. Tra cui mio padre e Quintin!

«Credo di essere ubriaco…».

«Io lo sono di sicuro», replica Lake.

«Senti, Lake, mi accompagneresti fuori? Devo vomitare».

«Oh, che cazzo! Possibile che tocchi sempre a me?».

Oggi.

«E io che credevo che mio fratello ti avesse condotto a una serata all'insegna della perdizione».

«Invece siamo andati per mano al cespuglio più vicino».

«Tu e Lake mano nella mano?».

«Eravamo completamente sbronzi!».

Húsafell, settembre di 3 mesi prima.

Cataclismi non esattamente naturali:

-   Mio padre non ha ancora superato la sbronza colossale di ieri sera, gli ha causato un problemino allo stomaco e in seguito alle sue continue evacuazioni il bagno della mia stanza è praticabile soltanto con maschera antigas. Che non ho!

-   Jakob, il mio testimone di nozze, non si trova da quando lo abbiamo riportato a casa stanotte. Il punto è che non ho memoria di quando l'avremmo fatto quindi potremmo averlo scaricato ovunque come dimenticato al pub. Ýja si è appena adoperata per le ricerche.

-   Le fedi. Dovrei averle io, Sunday è certa che le abbia io, ricordo di averle messe in valigia o forse nella tasca dei pantaloni. Ma quale valigia – tra pre-matrimonio e post matrimonio e borsoni per i gemelli ne abbiamo trecento – e quali pantaloni? Harpa si sta occupando di rivoltare ogni singolo indumento.

-     I gemelli piangono da quando hanno varcato la soglia. Li ho già rimpinzati con tutto il latte che Sunday si è auto-munta e che doveva bastare fino a sera, ho cambiato due volte i loro pannolini quasi intonsi, abbondato con la crema rinfrescante ma credo gli manchi la mamma e la mia rischia di farli rigurgitare sui loro vestitini da cerimonia se continua a cullarli in tondo per la stanza.

-     Ah, nella mia camera si sono materializzate tre papere, tre galline e tre anatre. Tutte generosamente offerte da nonna Þula. Non sarebbe stato meglio il solito assegno?

La cerimonia si svolgerà tra, guardo l'orologio da polso, venticinque minuti e trentasette secondi sempre che Sunday sia una sposa eccezionalmente puntuale. Per un dono degli dèi, o per una più probabile botta di culo, siamo riusciti a risolvere tutti gli imprevisti raggiungendo la foresta di betulle nane persino in largo anticipo.

-     Abbiamo telefonato al medico perché il rischio che al nostro matrimonio mancasse mio padre stava diventando una certezza. Ora è saturo di antidiarroici ma almeno la sua pancia, e qualcos'altro, hanno smesso di rumoreggiare.

-     Jakob era in una delle camere d'hotel che abbiamo riservato per i nostri invitati. Neppure lui sa come ci sia arrivato, il ricordo di Lake era chiaramente falsato, se Ýja e Hvitsärk non avessero preso a pugni la porta quasi fino a scardinarla si sarebbe svegliato tra un giorno o due.

-     Ho le fedi! Erano nel loro cofanetto custodite nella cassaforte nascosta nell'armadio della mia stanza.

-     I gemelli hanno smesso di piangere, questo bosco pare li affascini, come temevo Louise ha rigurgitato sul vestitino e per fortuna che Harpa aveva con sé – a detta sua – un *super smacchiatore*. Spero che Sunday sarà troppo emozionata per notare la spilla ottocentesca di nonna Þula che copre la macchia.

-        Al nostro matrimonio presenziano nove nuovi membri della famiglia: le anatre, le papere e le galline; a cui nessuno oserà torcere una penna!

L'attesa ha fatto maturare in me un tic: alzo un braccio, piego il gomito, scopro il polso e controllo l'orologio. Da stamattina ho ripetuto il gesto un milione di volte, adesso sono impossibilitato così lo chiedo a mio padre.

«Cinque minuti e quindici secondi», risponde sottovoce sporgendosi in avanti verso di me. Qui intorno intanto incomincia ad arrivare gente, finché non manca più nessuno a parte la famiglia di Sunday e naturalmente lei.

Gli addetti del catering piazzano le cisterne di idromele accanto al tavolo del buffet sistemato a poca distanza da dove siamo ora, il cameriere ne colma due calici e li porta qui. Dopo *l'handfasting*, il rito delle mani legate, ed esserci scambiati promesse e anelli berremo dai calici per brindare al nostro amore che sia eterno come gli dèi. Al momento tremo dentro al cerchio di rune e cerco conforto in due lattanti che reggo paurosamente tra le braccia.

Oggi.

Ho smesso di tremare quando l'ho rivista dopo una giornata intera. Dopo aver scoperto della gravidanza non ci eravamo più separati così a lungo, la sua bellezza mi ha stregato ancora come quel primo giorno. Quei suoi occhi grandi e gialli riflettevano la mia stessa emozione e il suo sorriso mi ha rassicurato: non c'era niente che desiderassi più che amarla per l'eternità, non c'è tutt'oggi e non ci sarà in futuro. Anche se un giorno Sunday dovesse accorgersi che è altro quello che vuole, che non sono più io, anche se in disparte continuerò ad amarla.

«Pensi sul serio che un giorno potrei stancarmi di te? Che potrei smettere di amarti e decidere di lasciarti».

«Diciamo che l'esperienza mi ha insegnato a non dare niente e nessuno per scontato. Perciò non lo escludo».

«E invece dovresti farlo. Tu sei la mia metà, separati continueremmo a vivere ma non sarebbe mai lo stesso».

«Puoi giurare che mi ripeterai queste stesse parole per il nostro cinquantesimo anniversario di matrimonio?».

«Ho già fatto un giuramento: per l'eternità».

«Per l'eternità. Quattro cuori e un pollaio».

«Sono d'accordo per un pollaio. In quanto ai cuori, potrebbero aumentare».

«Non sarai incinta. Di nuovo!».

«No, certo che no! Sto allattando…»

«Ma può capitare. L'ho letto su quei libri per future mamme».

«Perché gli uomini islandesi devono essere tanto differenti dalla stragrande maggioranza?».

«Disinteressati con la sindrome congenita di Peter Pan, sensibili solo ai risultati della loro squadra del cuore?».

«Okay, rettifico: leggi e impicciati quanto vuoi ma resta come sei», Sunday fa rapido dietrofront. «Comunque, tranquillo, non sono incinta. Garantito».

L'impresa di costruzioni ha terminato solamente un mese fa i lavori di rifacimento del piano superiore della guesthouse: abbiamo abbattuto alcune pareti, scardinato porte, ristretto il solo bagno già esiguo per ricavare una zona living privata, adibito la stanza dove ha alloggiato Sunday al tempo del documentario a camera dei gemelli e con tanto di alpaca dipinti sui muri. Un altro bambino, o di più visti i trascorsi, dove lo sistemiamo?!

«Che ne dici se compro lo stesso un test?».

La metà (im)perfetta

La somma di due metà imperfette fa altre due metà diverse
però perfette.

Per noi questa è stata la prima Vigilia di Natale non in coppia, bensì in quattro. Guardavo i gemelli con i loro vestitini della festa, e come ogni genitore mi sorprendevo a pensare con orgoglio quanto fossero perfetti. Due gemelli diversi in tutto: Louise è la copia di Birkir, capelli dorati e mossi, occhi di ghiaccio ma profondi come l'oceano, a soli sei mesi ha già un bel caratterino deciso mentre Bjarnar ha i miei capelli vermigli e grandi iridi gialle cangianti e osserva ogni situazione col mio stesso piglio riflessivo; comunque perfetti.

«Oh-oh. Tra dieci minuti suonerà l'allarme».
Da quando sono nati i gemelli Birkir controlla le lancette dell'orologio assiduo quasi debba farla lui la poppata.
«Non credo riuscirò a finire il capitolo tanto in fretta. Ci pensi tu?».
Non faccio in tempo a chiederlo, che già lo vedo con i due biberon mentre fila dritto nella stanza dei bambini.

Norðurey, Vigilia di Natale di una settimana prima.

Anche questa volta Daðína ha esagerato con le pietanze per la cena della Vigilia, al contrario dell'anno scorso non sono incinta e non ho la nausea, perciò torno alla guesthouse rotolando. Salmone affumicato, il merluzzo, aringhe marinate, la pernice delle nevi, la carne di agnello, il porridge di riso. E ancora: *piparkökur*, *uppstúfur* – non vi ho detto che mi sono iscritta a un corso di lingua islandese! Adesso la mia pronuncia non fa più schifo come prima – *lakkrís toppar* e l'immancabile *laufabrauð* il tutto annaffiato con litri e litri di *jólaöl*, una bevanda analcolica tipica del Natale islandese che non può essere cagione del mio giramento di testa, più imputabile a una difficoltosa digestione.

Mentre Birkir fa le scale due alla volta e con i gemelli in braccio – *mio marito non ha uno stomaco bensì un tritarifiuti* – io mi stravacco sul divano della hall e fisso lo sguardo sulle lucine intermittenti dell'enorme albero di Natale. Un'altra novità di quest'anno, considerato che la volta scorsa la notizia della gravidanza per giunta gemellare ci aveva sconvolto fino a lasciarci inermi. L'entusiasmo è arrivato impetuoso con la consapevolezza.

Quest'anno invece abbiamo dato il via alla nostra tradizione di famiglia e non ci siamo risparmiati in addobbi: collane di nostre fotografie in formato polaroid, il calendario dell'avvento con un pensiero carino per ogni giornata, gli alpaca, tanti gnomi di peluche, le rotelle di liquirizia, i bastoni di caramello bicolore e candelotti di ghiaccio che pendono dai rami innevati di un abete. Naturalmente le palline colorate, e un bel tappeto bianco sul quale adagiare i doni; a proposito, io e Birkir ci siamo regalati due libri che leggeremo insieme questa notte dopo che avrà raccontato una favola ai gemelli come ogni sera per farli addormentare.

«Sul monte *Bláfjöll*, la Montagna Blu, insieme al marito *Leppalúði* e ai loro tredici figli *jólasveinar* vive anche *Grýla*: una strega malvagia e perennemente affamata», sta dicendo Birkir con parecchio pathos, sprofondato sulla poltrona al centro della stanza. Di fronte, le due culle dove sgambettano vispi Louise e Bjarnar. «Come tutta la sua famiglia, per ogni Natale la strega gobba e con il naso nodoso scende dalla montagna per rapire i bambini che si sono comportati male. Li ruba dai loro lettini e li porta nella sua grotta dove li mette vivi in un pentolone e li cucina».

«Possibile che tu debba sempre raccontargli storie spaventose?», considero palesandomi sull'uscio ombroso.

Birkir mi invita al silenzio posandosi un dito sulle labbra. «Ma voi siete due bambini buonissimi, dunque la strega *Grýla* non penserà di mangiarvi: il vostro buon profumo non stuzzica il suo appetito. E nemmeno quel suo gattaccio terrificante *Jólaköttur* potrà farvi del male, perché la vostra mamma vi ha fatto indossare due bei vestitini nuovi», conclude sussurrando. Dà a ognuno un bacio sulla fronte, gli rimbocca le coperte ed esce dalla stanza indietreggiando cauto.

«Quale elfo si presenterà stasera?», chiedo di spalle alla parete del corridoio. Birkir prima socchiude la porta.

«Testamaterassi», rivela. «In pratica, adora testare le molle dei materassi rumorosamente per tutta la notte».

«Fino a oggi ci sono già stati: Steccone Disturbapecore, Rubalatte, Il Corto, Leccamestoli, Raschiapentole, Leccaciotole, Sbattiporte, Trangugiaskyr, Acchiappasalsicce, Curiosone, Annusaporte, Uncinacarne e ieri sera Scroccacandele», tengo il conto sulle dita. «Sono già tredici. La strega e il gatto sono gli ultimi visitatori, te lo sei inventato».

«Sì, ma i gemelli non lo sanno e crederanno sia l'elfo a fare tutto quel casino in camera da letto. Invece siamo noi, come con pentole e porte». Non faccio in tempo ad assimilare ciò che ha detto, che mi ha già caricata su una spalla e siamo diretti alla camera da letto.

«Sei il solito vichingo!»

«E ti piace».

«Mi piace molto!».

Oggi.

Testamaterassi è stata una trovata geniale, verrà a trovarci spesso più volte a settimana anche se non sarà Natale e dato che è risaputo quanto gli elfi siano rumorosi non ci imporremo freni; per poco non abbiamo spaccato il letto sul serio la notte della Vigilia. In quanto a me non urlavo in quel modo dal parto, ma di piacere!

«Quindi lo ammetti», dice Birkir gongolante.

«Che nutro simpatia per Testamaterassi?».

«Che ti faccio urlare di piacere».

«L'ho appena scritto nero su bianco», dico io guardandolo di sottecchi. «Contento? Lo sapranno tutti, la tua virilità è effettiva e certificata, come il mio appetito sessuale sopito e che una volta risvegliato si è rivelato incontenibile come sospettavi. Adesso possiamo mettere da parte la novella per un paio d'ore e occuparci di tutte quelle mansioni che abbiamo rimandato fino a ridurci all'ultimo secondo?».

Epilogo

Chi si ama non scrive mai la fine di una storia, solo di un capitolo per iniziarne uno nuovo.

Oggi, vigilia di Capodanno.

Chiarimento che mi urge scrivere prima di passare ai saluti finali: non sono in attesa del terzo piccolo Rowley figlio/a di Birkir. Lui ha voluto comprare un test malgrado questa novella da finire e le mille cose che abbiamo ancora da fare per questa giornata. L'ho eseguito per tranquillizzarlo: non dovremo chiamare l'impresa di costruzioni di Ardis per ricavare un'altra camera chissà da dove, quantomeno non entro i prossimi nove mesi.

«Non avevi detto che avremmo finito *dopo* la novella?». Birkir è tornato in salotto e mi ha sorpresa a scrivere.

«Famiglia significa cooperazione, lo hai detto tu».

«Sì, ma cooperazione vuol dire fare le cose insieme metà ciascuno. Come scrivere l'epilogo, impacchettare le tue tele...».

«Cooperazione significa anche ottimizzare i tempi, ed è ciò che sto facendo», affermo io fissando lo sguardo sul quaderno. «A proposito, a che punto sei? Tra due ore le tele dovranno essere in aeroporto, e anche noi».

Siamo in partenza per l'Inghilterra, primo volo per i gemelli, trascorreremo il Capodanno con la mia famiglia e poi faremo quel viaggio di nozze che per forza di cose abbiamo dovuto rimandare. In realtà saremmo dovuti andare in Italia, però prima ero troppo incinta e dopo i gemelli erano troppo piccoli, gireremo invece il Galles e la Scozia per fare ritorno in Islanda prima della prossima stagione turistica e dove mi attende la mia prima mostra fotografica come unica artista; non voglio dire "ce *l'abbiamo fatta"*, suona come un punto d'arrivo e invece nella vita c'è bisogno di non sentirsi mai arrivati. Anche quando un sogno si realizza continua a sognare!*

Nel frattempo, esporrò le stesse tele a Londra; quando le ho inviato i portraits dei gemelli, e gli autoscatti realizzati allo specchio della mia gravidanza, Olivia Hooper ne è stata incantata e mi ha subito invitato ad esporle alla sua prossima mostra.

Per recuperare quel viaggio in Italia e farne molti altri più lunghi e lontano, comunque, avremo tempo quando i gemelli saranno abbastanza grandi per ricordarsene.

«Avrei dovuto terminare io la novella!», sostiene Birkir.

«Tu hai già raccontato l'ultimo capitolo del romanzo!».

«Sul romanzo però non c'era una fine».

«Per noi non esiste una fine. Ogni volta che qualcuno sfoglierà le pagine del nostro romanzo rivivremo tutto dall'inizio, e io mi rinnamorerò di te in eterno Birkir».

«E io di te Sunday».

Allora è questo un amore intero, rinnamorarsi ogni giorno dopo mille litigate, riabbracciare le imperfezioni dell'altro e accorgersi che lo ami proprio perché è così: imperfetto ma indispensabile.

«Bjarnar sta piangendo. Non avrà di nuovo fame?!».

«È Louise che piange!», puntualizzo infastidita dall' intervento di Birkir. *Ha spezzato l'atmosfera sentimentale con cui ho appena chiuso la nostra novella!* «È possibile che tu non sia ancora capace di riconoscerli?».

«I vagiti sono tutti uguali».

«E ha fatto la cacca!».

«Anche questo lo hai capito dal vagito?»

«No! Dalla puzza. Dovresti smetterla di correggere il latte con la liquirizia».

«In Islanda i bambini crescono tutti così e…Guardami!».

È un circolo vizioso. Guardo Birkir e ricomincia tutto da capo...

È un circolo vizioso. Sunday sorride alle mie stronzate e ricomincia tutto da capo...

Ringraziamenti

È arrivato il momento di dirvi grazie.

Grazie per l'affetto e l'entusiasmo con cui avete accolto le nostre imperfette vite nella vostra, per quel libro che parla di noi e che custodite nelle vostre librerie digitali o fisiche che siano.

Grazie per averci amato, odiato, infine capito. Grazie perché dopo tanti mesi parlate ancora di noi, perché ci fate rivivere ogni giorno, grazie per il tempo che ci avete dedicato che è vostro e per questo prezioso e mai scontato.

Vi auguriamo con tutto il cuore di non perdere mai questa straordinaria capacità di entrare in ogni storia con il cuore libero, pronti a innamorarvi milioni di volte. Di amare ed essere amati come meritate, perché non crediamo esistano due tipologie d'amore come molti sostengono – quello adolescenziale e quello maturo – ma solamente una: l'amore sincero. Ecco, questo è quello che vi auguriamo: un amore sincero e reciproco al di là di quanto durerà. Soprattutto vi auguriamo di essere felici, qualsiasi cosa o chiunque sia per voi la felicità.

Con tanta gratitudine

Sunday e Birkir, o Birkir e Sunday non fa differenza. Comunque, eternamente vivi e innamorati tra le pagine di un libro.

Aeroporto di Keflavík, oggi.

«Secondo te siamo stati troppo mielosi?», chiede Sunday rileggendo la novella.

Birkir non ci riflette un istante: «No». E preme invia per la stampa.

Curiosità

Perché quei nomi per i gemelli?

Nella bozza della trama originale de «La metà imperfetta», datata 1°
agosto 206, il nome della protagonista non era Sunday bensì Louise. La
sostituzione è avvenuta durante la prima stesura del romanzo in quanto
Sunday suonava meglio con il cognome Rowley ed era un nome più
originale di Louise.

Conoscete il calciatore Birkir Bjarnasson? È stato lui durante gli europei
di calcio del 2016 a ispirarmi il personaggio di Birkir, anche se poi il
presta volto da cui ho tratto ispirazione durante la stesura è il modello
americano Christopher Mason. Il nome di Bjarnar, figlio di Sunday e
Birkir, non è altro che il patronimico del calciatore islandese privato della
dicitura «son». (I nomi che terminano con la lettera «R» nella gran parte
dei casi la perdono a vantaggio della doppia «S» quando si tratta di dare
al proprio figlio maschio il patronimico).

Avete notato quel capitolo il cui titolo è «La metà (im)perfetta?».

Sempre nella prima bozza e fino a poco prima della pubblicazione il
romanzo da cui ha origine questa novella era intitolato proprio così: "La
metà (im)perfetta". Abbiamo scelto di eliminare le parentesi ritenendolo
più funzionale.

Sommario